증권고수의 투자메모

김 헌 지음

한국경제신문

Copyright ⓒ 2003, 김 헌

이 책은 한국경제신문 한경BP가 발행한 것으로
본사의 허락없이 이 책의 일부 혹은
전체를 복사하거나 전재하는 행위를 금합니다.

지은이의 말

두 사람이 소주병을 놓고 마주 앉았다.
사람 1 "어! 벌써 절반이나 마셨네…."
사람 2 "아직 절반이나 남았는데…."

이 이야기는 사람들의 과거지향적 성격과 미래지향적 성격을 구분할 때 자주 인용된다. 그런가 하면 비관론자와 낙관론자의 차이를 설명할 때도 종종 거론된다.

주식시장에도 이 같은 낙관론과 비관론이 항상 맞선다. 그래야만 주식 매매가 이뤄진다. 비관론자는 매도하고 낙관론자는 매수한다. 시장 전체적으로 비관론자가 우세하면 주가는 떨어진다. 반대로 낙관론자가 강해지면 주가는 상승한다. 당연한 귀결이다. 매도세와 매수세 중 어느 것이 우세한지의 여부에 따라 주가흐름이 결정된다.

증권가에서는 필자를 대표적인 비관론자(사실은 그렇지 않지만)로 보고 있다. 그것이 이 책을 쓰게 된 동기이기도 하다. 필자는 증권부 기자로만 16년을 넘게 활동했다. 기자생활과 더불어 투자설명회 등 투자자와 접할 수 있는 기회가 무척 많았다. 약간은 허스키(?)한 목소리를 앞세워 라디오 전파를 타기도 했다. 무엇보다도 꽃미남과는 거리가 먼 얼굴로 TV 화면을 가득 채우기도 했다. 경제신문 기자가 TV 증권 프로그램의 MC(iTV, 〈이것이 승부다〉)까지 했으니, 할 일은 다한 듯싶다. 이런 활동은 나 혼자만 한 게 아니다. 대부분 전문가로서 이른바 '난다 긴다' 하는 증권업계 사람들과 함께였다.

이들은 시장에 대해 매우 낙관적이다. 필자가 생각하기에는 약세장이 전개될 가능성이 높은데도 '조정'일 뿐, 항상 '올라간다' 라고 강조한다. 그럴 수밖에 없다. 증권계는 주가가 올라야 먹고살 수 있기 때문이다. 한 마디로 "옆 사람의 패는 보지도 않고 못 먹어도 고~!"라고 큰소리치는 경우가 많다. 옆에서 이들을 지켜 보면 이런 생각이 든다. "시장을 언제나 밝게 보아야 하는가?" 그렇지 않다.

증권회사 사람들이 열심히 좋은 소리를 할 때 필자는 김빠지는 소리만 골라 했다. 그것도 침을 튀겨가면서 말이다. 울산에서 강연을 했을 때다. 필자의 강연 내용은 변함없이 맥빠진(?) 얘기였다. 증권회사에서 나온 강사가 좋은 얘기를 다했으니 나로서는 선택의 여지도 없었다. 강연이 끝나고 어느 여성 투자자가 질문을 했다.

"L회장(당시 '바이 코리아' 선풍을 일으키며 많은 투자자들을 시장으로 끌어들였다)은 종합주가지수가 3,000포인트까지 오를 것이라고 했는데…. 어떻게 생각하십니까?"

필자는 거침없이 답했다.

"상승한다면 어디 3,000뿐이겠습니까? 1만까지 간다고 해서 누가 뭐라고 하나요?"

내가 너무 지나쳤나? 그러나 강연이나 방송 등에서 필자가 비관적인 견해를 피력한 데에는 나름대로 몇 가지 이유가 있었다. 무엇보다 먼저 낙관 일변도인 증권업계 사람들의 얘기에 귀 기울이는 투자자들에게 균형감각을 심어줘야겠다는 생각을 했다(삐딱하게 보아야 하는 기자의 시각이 조금은 가미됐음을 부인하지는 않겠다).

이 책은 방송이나 강연회 등에서 이야기한 내용을 뼈대로 재구성했다. 증권관련 잡지 등에 실었던 글도 있다. 또한 필자가 소속된 〈한국경제신문〉에 게재된 글도 조금 있다. '조금'이라는 표현은 사실 의미가 크다. 신문에는 싣지 못했던 내용이 많기 때문이다.

필자 스스로는 이 책이 잡문들로 구성돼 있다고 평가한다. 헛소리들일 수도 있다. 그러나 남과는 다른 시각에서 주식시장을 한번 삐딱하게 봤던 점에서 읽어볼 만하다고 생각한다.

이 책은 크게 네 부문으로 나뉘어져 있다. 투자자, 주식시장, 주식, 그리고 주변환경 등이다. 이 책을 읽는다고 해서 주식시장에서 대박을 터뜨릴 수 있는 것은 아니다(주식투자에서 대박을 터뜨릴 수 있다면 구태여 이 책을 쓰지 않았을 것이다). 그러나 투자에 앞서 이 책의 내용들을 하나하나 짚어 나간다면 적어도 쪽박 차는 것은 피할 수 있다고 본다. 그리고 그런 자세가 바로 증권고수로 가는 첫걸음이 되리라 생각한다.

어쨌든 다섯 권이나 책을 낼 수 있게 뒷받침해주신 부모님의 건강을 기원한다. "좀더 재미있게 살 수도 있는데…" 하는 욕심도 있으나, 이보다 앞서 늘

미안한 아내에게 고맙다는 말을 남긴다. 대학생이 된 보리에게 '남보다 자신을 사랑할 수 있는 사람'이 됐으면 하는 아빠의 바람을 여기에 적어본다. 여고 2학년생인 선근에게는 '공부를 좀더 했으면…' 하는 아빠의 욕심을 분명히 새겨놓는다. 보현과 영이 얼마나 컸는지 보고 싶다는 말도 전하고 싶다.

아울러 〈한국경제신문〉과 졸저의 출판을 서슴없이 결정해준 한경BP 관계자 등 모든 분에게 감사의 말씀을 전한다.

2003년 8월
한경센터에서
김 현

차 례

지은이의 말 3

첫번째 메모
주식투자자의 심리 뒤집어 보기

1	주식투자를 한다구요?	13
2	본질이 퇴색된 주식 — 투자가 아닌 투기상품	16
3	듣보기 장사꾼이 되자	18
4	주식, 정말 장기 투자대상인가?	21
5	주가는 누구도 예측할 수 없다	24
6	주식투자, 전문가는 없다	26
7	거래세 말고도 세금을 낼 때가 있다	29
8	애널리스트의 투자의견은 무엇을 말하는가?	32
9	전문가의 투자의견은 무시하자	38
10	증권가의 말장난 1	40
11	증권가의 말장난 2	46
12	내 돈을 노리는 투자자들	51
13	잠을 편히 이룰 수 있을 만큼만 투자하자	58
14	분산투자는 과연 개인투자자에게 적합한가?	60
15	피부색이 투자성향을 결정한다	62
16	이해할 수 없는 사람들	64
17	우리사주는 피하라	68
18	돈 버는 투자방법	71
19	노후보장을 위한 주식과 채권의 적정 배합	73

두번째 메모
주식시장의 흐름 다시 보기

1	주식시장은 대자본이 소액자본을 착취하기 위한 수단?	81
2	주식시장은 당신의 돈을 노린다	83
3	항상 꽃이 피지는 않는다	86
4	주식투자 수익은 어디에서 오는가?	88
5	주식은 사는 것보다 파는 게 어렵다	91
6	유행을 따라 투자하라	95
7	주식시장은 동물의 천국?	99
8	버블 장세의 일반적인 특징	101
9	수익률 하락기의 투자자세	104
10	사이버 트레이딩	107
11	주식 하락기에 조심해야 할 투자전략	112
12	약세장 마감을 알리는 네 가지 증시 격언	114
13	전형적인 투기, 데이 트레이딩	117
14	주식시장에는 유령이 있다	119
15	인터넷에는 거짓정보와 주가조작이 판친다	122
16	과연 시스템 트레이딩이 효과적인가?	124
17	부자가 된 차티스트는 없다	126
18	위탁수수료가 여러 사람을 먹여살린다	129
19	외상거래	132
20	올빼미족 양산하는 ECN	134
21	증권가의 터부	136
22	웃기는(?) 시장조성의무	138
23	돈이 드는 간접투자	141
24	수익증권에서 손해가 났는데, 관리비도 뜯어가고 세금도 낸다	143

세번째 메모
주식의 본질 되짚어 보기

1	주식은 아무 데서나 사고 팔 수 있다	149
2	주식시장의 삼형제	151
3	주식시장별 매매자격 요건	154
4	주당순이익은 물을 타서 계산한다	158
5	주식에도 색깔이 있다	160
6	발행주식 수×액면가≠자본금	162
7	제3자 배정—기업지배권은 절대적이지 않다	165
8	액면분할—나눈다고 해서 파이가 커지는 것은 아니다	167
9	액면병합—조각난 파이는 합쳐도 크기가 같다	169
10	우선주에는 가짜가 많다	171
11	진짜 우선주채권형 주식이다	174
12	말도 안 되는 시가배당	177
13	데드존을 아시나요?	180
14	가치주와 성장주는 어떤 차이가 있나요?	182
15	고평가된 주식, 어떻게 알 수 있나요?	185
16	총기본적 가치로 좋은 주식 고르는 방법	188
17	엽총이 소총보다 낫다	191
18	기본적 분석은 학자 간 지식싸움의 결과일 뿐이다	193

네번째 메모
투자의 변수 체크하기

1	경기전망, 어렵지 않다	197
2	일상생활에서 경기를 가늠하자	201
3	립스틱이 잘 팔리면 경기침체	203
4	박세리가 우승하면 주가는 상승?	205
5	선더멘털과 문더멘털을 아시나요?	209
6	투자시계를 바라보자	212
7	부의 효과(Wealth's Effect)	215
8	MMF 자금은 주식시장으로 흘러들지 않는다	218
9	연기금을 그만 다그치자	220
10	랜덤워크 이론	223
11	FRB의 주가 평가 모델	225
12	금리와 환율 변화가 주가에 미치는 영향	230
13	금리상승은 채권시장의 약세장	235
14	채권가격의 등락 원인	238
15	채권, 너무 믿지 않는 게 좋다	241
16	신용등급 변화와 투자전략	244
17	미국 기업의 실적, 믿지 말라	247
18	프로 포마 실적의 유용성	254
19	돈에도 도덕성(?)이 있다	256
20	애널리스트의 잘못된 추천에 의한 손실은 보상받는다	258
21	신경제, 그리고 성장은 허풍이다	260
22	9·11 테러는 제3차 세계대전의 신호? — 엘리엇 파동이론	263
23	주식양도차익과세제도를 도입하라	267

'지피지기면 백전백승이라.' 그 첫번째 메모
주식투자자의 심리 뒤집어 보기

"지피지기(知彼知己)면 백전백승(百戰百勝)"이라는 말이 있다. 나를 알고 적을 알면 항상 이긴다는 얘기다. 주식시장에도 이 말이 적용된다고 할 수 있다. 나와 함께 주식을 매매하는 사람을 알면 돈을 벌기가 조금은 수월해질 듯싶다. 참여자들의 심리에 따라 주식시장이 움직인다는 관점에서 보면, 이 말은 대박을 보장(?)하고 있는 거나 다름없는 셈이다.

주식투자를 한다구요?

주식투자자는 특별한 자격을 갖추어야 할까? 쉽게 대답할 수 있는 문제는 아니다. 최소한 이 정도면 어떨까 싶다. 돈, 건강, 그리고 비이성적이어야 한다고 말이다.

투자를 하려면 우선 돈이 있어야 한다. 여기서 말하는 돈은 여유자금이다. 여유자금이란 없어도 살아가는 데 지장이 없는 돈을 말한다. 투자금을 다 까먹어도 식구들과 생활하는 데 불편이 없어야 한다.

물론 자금은 많을수록 좋다. 그래야 배짱을 부릴 수 있다. 말은 배짱이라고 하지만, 실제로는 베팅을 뜻한다. 과감한 베팅이 때로는 큰 승부를 낸다. 대박을 터뜨릴 수 있다는 얘기다. 여유자금은 자기 돈이지, 남의 돈이 아니다. 남의 돈을 빌려 투자를 해서는 안 된다. 돈을 빌리면 이자를 주어야 하기 때문이다. 종종 주식투자를 통해 이자보다 더 벌 수는 있다. '종종'이라는 말에 유념할 필요가 있다. 주식투자에서 이자보다 높은 수익을

첫번째 메모 | 주식투자자의 심리 뒤집어 보기

내기란 쉽지 않기 때문이다. 오히려 투자해서 손해 보고, 생이자까지 내야 하는 이중고에 시달릴 가능성이 훨씬 높다. 여기서 무리수가 발생하곤 한다. 금융사고를 내는 사람들은 대체로 이러한 부류다. 본전 생각에다 이자를 무는 게 너무 억울하고 분해 점점 더 돈을 빌려 투자를 늘리다가 결국은 자멸하는 사람들이다.

주식투자를 하면서 과욕은 부리지 말아야 한다. "때를 잘 타면 되지" 하는 사람도 있지만, 이는 너무 안이한 생각이다. 돈을 빌려주는 사람은 주식투자가 어려워서 하지 않는 게 결코 아니다. 빚을 내서 하는 주식투자는 아예 꿈도 꾸지 말라.

건강도 주식투자를 하는 데 매우 중요하다. 육체뿐만 아니라 정신도 건강해야 한다. 주식투자에 실패해도 자신을 추스를 수 있는 정신이 매우 중요하다. 신문이나 방송에서 가끔 자살한 사람들의 기사를 볼 수 있다. 대개 주식투자에 실패해 세상을 등진 사람들이다. 자살하는 사람들이 그들뿐인가. 그런데도 투자 실패로 자살을 하면 신문에 잘 실리는 편이다. 이는 주식투자의 위험을 경고하는 것으로 보아야 한다. 여유자금으로 투자를 하라는 얘기와 일맥상통하기도 한다.

투자자에게는 주가 급락을 참아낼 수 있는 강한 정신력이 필요하다. 1987년 10월 미국 주가가 폭락했을 때 거액을 잃은 투자자가 한 말이 기억난다. "이것(주식)은 종이로 만든 돈일 뿐이다."(It's a paper money.) 이 정도의 배짱을 가져야만 주식투자를 할 수 있을 것이다.

마지막으로 이성적인 사람이라면 주식투자를 하지 않는 게 좋다. 이유는 간단하다. 주식시장이 결코 이성적으로 움직이지 않기 때문이다. 그래서 예측이 사실상 불가능하다. 흔히 군중심리가 주가를 결정한다고 한다. 그러나 군중심리를 읽기에는 인간, 아니 슈퍼 컴퓨터조차 능력에 부친다. 만약 주가를 정확히 예측할 수 있다면 주식시장은 존재하지 않을 것이다. 주가 예측이 가능하다면 누구나 돈을 벌 수 있다. 다른 일을 할 필요가 없다. 주식시장에서 누구나 돈을 번다면 채권·부동산 등 다른 시장은 존재하지조차 않을 것이다.

헤지 펀드(Hedge Fund)의 전설적인 인물로 불리는 조지 소로스(George Soros)는 "주가는 항상 틀린다"라는 말을 했다. 이성적으로 접근해봐야 되지 않는다는 얘기다. 요모조모 따져 투자해봐야 수익을 낼 수 없다는 뜻이기도 하다.

이런 얘기도 있다. 여러 학자 중에서는 수학자의 투자실적이 가장 낮으며, 경제학자, 경영학자 등 따지기 좋아하는 사람일수록 그 수익이 형편없다는 것이다. 반면에 시세에 순응하는 사람의 투자 성과가 훨씬 더 좋다고 한다(그렇다고 기술적 분석이 유용하다는 말은 결코 아니다).

본질이 퇴색된 주식 - 투자가 아닌 투기상품

흔히 "배당을 겨냥한 투자를 하라"라는 말을 흔히 듣는다. 그런데 이 말은 사실 꽤나 웃긴다. 오래 전부터 주식시장의 본질은 퇴색해왔기 때문이다.

주식회사제도가 처음 도입된 무렵에는 일부 독점주주(대자본가)가 누리고 있는 잉여가치(기업이윤)를 겨냥한 자본참여 수단이 주식이었다. 다시 말해 배당이 주목적이었다. 이를 주식의 '원생적 권리' 라고 한다. 거래도 잘 되지 않았지만, 어쩌다 이뤄지는 매매가격도 낮았다. 그래서 배당금을 주가로 나눈 수익은 일반 이자율을 웃도는 경우가 많았다.

수익이 높아지자 사람들이 몰렸다. 배당을 받으려는 사람이 늘어나자 주가는 높아졌다. 주가가 오르는 만큼 배당수익률은 줄어들게 마련이다. 특히 주식시장이 활성화되고 기업의 수익이 변화하면서 주가가 급등락을 거듭하자, 그 차액을 겨냥하는 사람들이 늘어났다. 점차 배당이 아닌 매매차익이 투자의 주요 목적으로 자리잡았다. 이것이 곧 주식이 투자상품이 아닌 투기상품으로 변질된 경로다.

　투자자들이 사는 주식은 원래 주주가 갖고 있는 주권과는 다르다. 주권에는 액면가가 있다. 기업마다 차이가 있지만, 액면가는 100원 이상이다. 액면가는 기업자본의 기본 단위다. 발행하는 주식 수에 따라 납입자본금이 결정된다. 그런데 주식시장에서 매매되는 주권의 가격인 주가는 액면가와 전혀 상관없다.

　주식에는 액면가라는 기본 가격 외에 배당이 붙기 때문에 가공의 가격이 형성된다. 이자·지대 등도 마찬가지로 규칙적인 수입이 있기에 가공 자본이 구축되는 것과 마찬가지다. 이를 흔히 의제자본이라고 한다. 주식의 시가가 바로 의제자본으로서의 주식가치다.

　의제자본으로서 주식이 매매되면서 원생적인 권리는 무의미해졌다. 다시 말해 배당에 대한 권리보다는 가격변화만을 노리는 투자가 성행하게 된 것이다. 이것이 곧 주식시장이 투자가 아닌 투기의 장으로 변질된 결정적인 요인이다. 따라서 주식은 투자대상이라기보다는 오히려 투기대상이라는 표현이 훨씬 더 적합하다.

들보기 장사꾼이 되자

 주식시장에는 다음과 같은 얘기가 있다.
"내가 하면 투자, 남이 하면 투기." 그런가 하면 이런 말도 있다.
"내가 주식을 사면 떨어지고, 팔면 오른다."

이 두 얘기를 합쳐보면 투자가 아닌 투기를 해야만 주식시장에서 돈을 벌 수 있다는 말이 된다. 이는 곧 주식이 투자가 아닌 투기대상이라는 사실을 실감나게 한다. "성공한 투기는 투자, 실패한 투자는 투기"라는 말에서는 주식이 투기대상이라는 점을 다시 한번 확인시켜준다.

투자와 투기에는 과연 어떠한 차이가 있는가? 이렇게 풀어보자. '투자'와 '투기'라는 단어 가운데 어느 쪽이 좀더 부정적인지 살펴보자. 당연히 투기일 것이다. 우리는 과거 부동산투기 붐이 일었을 때, 투기꾼이라는 단어가 언론상에 주요 뉴스로 등장한 예를 기억하고 있다. 투기라는 말은 나쁜 의미이며, 아울러 투기꾼은 범법자로 인식됐다. 좀더 따져보면 이는 잘못된 것이다. 부동산 투기꾼들이란 대체로 부동산 매매를 통해 단기 차익을 올리는 사람을 말한다.

주택보급률이 낮은 상태에서 집값을 올리니, 이들의 행위는 비난받을 수 있다. 그러나 자본주의 국가에서 부동산을 매매해 그 차익을 챙기는 게 과연 잘못된 일인가? 그렇지 않다. 데이 트레이더(day trader)라는 말에서 알 수 있듯이 주식시장에도 단타매매를 하는 투자자, 아니 투기꾼들이 많다. 그런데 이들의 이름은 언론에 등장하지 않는다. 오히려 데이 트레이딩 기법을 소개하는 등 이를 권장한 바도 있다. 쉽게 이해되지 않는다.

투기꾼이 나쁘다는 세평의 본질은 사실 세금 때문이다. 부동산을 매매하면 매수한 사람은 취득세를, 매도한 사람은 양도소득세를 내야 한다. 이러한 세금은 부동산 매매 후 등기를 할 때 부과된다. 등기를 하지 않고 바로 매도를 하면 취득세는 물론, 양도소득세도 생략할 수 있다. 부동산 투기꾼이 언론에 자주 오르내리는 주요 이유는 세금을 포탈한 조세범이기 때문이다. 투기를 했다는 사실 자체는 결코 잘못이 아니다.

그러면 주식시장에서 투기꾼이 용납되는 이유는 무엇인가? 꼬박꼬박 세금을 내기 때문이다. 주식매매에 따른 세금은 거래세뿐이다. 취득세라든가 양도차익에 따른 소득세는 없다. 단지 거래에 따른 세금만 내면 된다. 거래세는 주식을 팔 때 낸다. 2003년 현재 거래세는 매도금액의 0.3%다. 여기에서 중요한 것은 '매도금액'이라는 말이다.

주식을 살 때는 거래세가 붙지 않는다. 취득세가 없다. 그러나 주식을 팔 때는 세금을 내야 한다. 세금은 매도금액을 기준으로 부과된다. 따라서 주식을 매매해 손해를 보아도 세금을 내야 한다.

거래세는 주식을 매도해 결제가 이뤄지면 곧바로 징수된다. 매도자의 계좌로 현금이 유입되기 직전 한국증권대체결제가 세금을 공제한다. 증권사들이 받는 위탁매매수수료 역시 손실과 관계없이 내야 한다는 점도 알아둘 필요가 있다.

다시 투자와 투기 얘기로 돌아가자. 이 두 단어의 사전적 의미를 살펴보자. 투자는 이익을 얻을 목적으로 사업에 돈을 내거나, 이윤을 생각하며 주식이나 채권 등의 구입에 돈을 돌리는 행위를 말한다. 투기는 아무런 확신도 없이 큰 이익을 바라는 어떤 행위이거나, 시가변동에 따른 차익을 노리는 매매거래 행위다. 달리 보면 투기는 다른 사람한테 위험을 전가하면서 이뤄진다는 의미다.

투자와 투기는 모두 돈을 버는 데 그 목적을 두고 있다. 사전적 의미로 보면 투기는 맹목적이며 큰 이익을 겨냥한다는 점에서 투자와 다르다. 어차피 주식투자에서 돈을 벌려면 작은 수익보다는 큰 수익을 노려야 한다.

주가 흐름은 어느 누구도 알 수 없다. 그렇다면 차라리 투자보다는 투기가 훨씬 좋다는 얘기가 된다. 물론 큰 이익을 노리는 만큼, 투기에는 큰 위험이 따를 수 있다. 이익을 얻을 수 있는 상황인지 미리 따져보고 돈을 대면 투자가 된다. 그러나 이도저도 없이 그냥 돈이 된다고 뛰어들면 투기가 된다. 실질적으로는 이 둘 사이에 아무런 차이가 없다. 그래서 투자와 투기는 종이의 앞뒷면이라고도 한다.

증시 속담에 이런 이야기가 있다. "성공한 투기꾼이 진정한 투자자다." 투기꾼을 우리말로 하면 '듣보기 장사꾼'이라고 한다. 이는 시세를 살피며 요행수를 바라는 장사꾼을 말한다. '듣보기 장사꾼'이 투기꾼이라는 표현보다 조금은 부드럽지 않은가? 누구도 거부감을 느끼지 않을 것이다.

주식, 정말 장기 투자대상인가?

주식투자를 하려면 장기적인 안목을 가져야 한다고 한다. 정말 그럴까? 먼저 장기라면 어느 정도 기간을 말하는지 살펴볼 필요가 있다. 쉽게 판단할 수 있는 문제는 아니다. 1년, 3년, 이보다 긴 10년, 아니면 30년인가? 단정하기가 쉽지 않다. 절대적인 기준이 없기 때문이다.

일반적으로 장기적이라고 하면 1년 이상을 말한다. 정부가 주식시장의 활성화를 위해 내놓는 대책을 보면, 1년 이상 주식을 보유한 투자자에게 세제혜택을 주는 경우가 많다. 따라서 투자기간이 1년 이상이면 장기라고 할 수 있다.

외국의 경우, 특히 미국에서는 10년 이상, 길게는 30년을 장기라고 한다. 이처럼 기간이 긴 이유는 경제가 우리보다 안정됐기 때문으로 볼 수 있다. 30년이면 사람이 태어나 월급쟁이를 하든 자영업을 하든, 돈을 버는 기간이라고 할 수 있다(최근에는 조기 퇴출자들이 늘어나 훨씬 짧아졌다). 이처럼 투자기간이 길면 노후 생활자금을 마련하는 하나의 수단으로서 주식시장이 각광받을 만하다. 물론 여기에는 장기적으로 수익이 발생한다는 전제가 깔려 있다. 우리 실정에도 과연 그런가? 한번 따져보자.

〈그림 1-1〉은 우리나라 주식시장의 주가 수준을 나타내는 종합주가지수의 장기 그래프다. 1980년 100포인트로 시작한 종합주가지수는 2003년 6월 현재 700포인트 선에 머물고 있다. 1980년 초에 1,000만 원을 주식시장에 투자했다면 지금은 7,000만 원이 된다는 얘기다. 물론 배당은 제외했다. 600%의 수익률을 보이고 있다.

과연 이 같은 수익률이 다른 상품과 비교해 높은지 살펴보자. 1980~2000년 말까지 채권에 투자하면 누적 수익률은 대략 1,800%에 이른다. 우리나라는 만기가 20~30년에 이르는 채권이 없다. 시중 금리수준을 나타내는 회사채수익률로 대충 계산한 수치다. 위험이 적은 편인 정기예금에 가

입했다면 수익률은 700%다. 물가상승률은 300%로 계산했다. 주식·채권·정기예금 등 유동자산수익률이 물가상승률을 웃돈다. 이들 상품의 투자수익이 물가를 보상하고 남는다는 얘기다. 그러나 주식투자 수익률은 높지 않다. 장기 투자의 차원에서 보면 주식투자로 얻는 수익이 썩 좋은 것은 아닌 셈이다.

그래프를 자세히 살펴보면 이런 생각을 할 수 있다. 저점에서 사고, 고점에서 파는 전략을 구사하면 수익을 더욱 높일 수 있다. 매매시점 기간도 일반적으로 장기라고 할 수 있다. 그러나 30년 이상이라는 초장기 관점에서 볼 때, 이 기간은 단기가 된다.

결론은 뻔하다. 주식투자에 있어서는 단기투자가 유리하다고 할 수 있다. 아울러 은퇴 후 생활자금을 확보하기 위한 수단으로서는 그렇게 썩 좋은 편이 아니라는 결론도 내릴 수 있다. 주식을 장기 투자상품이라고 할 수 없는 셈이다. 필자의 월급을 1980년 당시와 비교해보면, 현재 스무 배 정도 올랐다. 선생에서 기자라는 신분으로 직업이 바뀌기는 했지만, 주식을 장기 투자의 대상으로 삼기에는 여전히 부족하다는 느낌이 든다.

주가는 누구도 예측할 수 없다

앞으로의 주가흐름을 알 수 있다면 얼마나 좋을까 하는 생각이 종종 들 때가 있다. 대박을 건져 횡재할 수 있기 때문이다. 주가 예측은 과연 가능한가? 물론 '불가능'하다.

월 스트리트에 이런 얘기가 있다.

어느 사람이 내일자 신문을 볼 수 있게 됐다. 내일 어느 종목이 오르고 떨어지는지를 미리 알 수 있게 된 것이다. 이 사람은 어떻게 할까? 당연히 내일 오르는 종목을 오늘 사고, 떨어지는 종목은 '대주(주식을 빌려 매도한 후 나중에 되사서 갚는 신용거래의 하나)'를 하게 된다.

내일자 신문을 보고 전략을 세운 이 사람은 여유가 생기자, 다시 신문을 뒤적였다. 물론 내일자 신문이다. 시세표를 넘긴 후 눈에 띈 것은 부음 기사였다. 거기에 자기 이름이 뚜렷하게 인쇄되어 있었다.

어느 누구도 내일의 주가를 알 수 없다. 만약 누구든지 주가를 예측할 수 있다면 어떤 일이 벌어질까? 한 마디로 주식시장은 존재 이유를 잃을 것이다. 상승장이 전개된다는 것을 안다면 돈은 다른 데로 흐르지 않을 것이다. 오직 주식시장에만 몰릴 것이다. 누구나 주가흐름을 예측할 수 있어 손쉽게 돈을 벌 수 있기 때문이다.

이런 일이 과연 가능한가? 어림도 없다. 물론 주가가 상승세를 타는 한, 참여자는 모두 돈을 벌 수 있다. 그러나 상승세는 오래 지속되지 않게 마련이다. 오르면 빠지는 게 주가 속성이다. 하락추세가 지속되면 시장 참여자 모두가 손해를 보게 된다.

이런 관점에서 보면 주식시장은 제로섬(zero-sum) 게임이라고 할 수 있다. 버는 자와 잃는 자의 몫을 합하면 제로가 되기 때문이다. 그러나 기업의 자금조달, 수수료와 세금 등을 감안하면 결코 제로섬 게임이 되지 않는다. 주가가 오른 만큼 빠진다고 가정하면, 기본적으로 주식시장에서는 손실을 보게 돼 있다. 기업으로의 자금 유입, 세금 수수료 등이 있기 때문이다. 단지 상승기회를 잘 포착해 한몫 챙기고 빠지면 돈을 벌 수는 있다.

"천장 3일, 바닥 100일"이라는 증시 격언이 있다. 상승시기보다 하락시기가 더 많다는 의미다. 한몫 챙길 수 있는 기회가 적다는 얘기다. 그만큼 주식투자에 수반되는 위험이 큰 셈이다.

주가를 예측한다며 차트를 분석하는 기술적 분석가(차티스트)들의 이런저런 얘기는 사실 쓸모가 없다. '펀더멘털(fundamental)'이라는 기본적 요인에 치중하는 학자들의 주장 또한 마찬가지다. 일시적인 유행이 먹혀들기도 하지만, 항상 믿을 것은 못 된다. 어떤 수단을 쓰든 주가를 예측할 수 없기 때문이다. 그리고 예측 가능한 시장은 존재할 수 없다. 예측불가능성은 결국 '분산과 장기'라는 투자의 기본원칙을 이끌어낸다.

주식투자, 전문가는 없다

주식투자에 전문가는 있는가? 종종 사람들이 물어온다. 필자 스스로도 자문해본다. 주식투자의 전문가로서 펀드 매니저를 꼽는다. 흔히 어쩌다 튀는(?) 수익을 올릴 수는 있으나 항상 수익을 챙기는 전문가는 없다.

〈월 스트리트 저널(Wall Street Journal)〉은 매년 투자대회를 연다. 이 대회에는 세 부류가 참가한다. 사람과 같은 영장류인 침팬지, 일반투자자, 펀드 매니저 등이다. 침팬지라고 하지만 실제로는 사람이 대신한다. 신문 시세표를 앞에 놓고 눈을 가린 사람이 다트를 던져 종목을 선정할 뿐이다. 지금까지의 수익률을 보면 전문가라고 하는 펀드 매니저조차 어쩌다 우승할 뿐, 매번 승리하지는 못했다. 오히려 무엇을 하는지조차 모를 것으로 생각되는 침팬지의 수익률이 높은 편이었다. 가볍게 움직이는 일반투자자가 가장 낮은 수익률을 올리는 것으로 나타났다.

왜 이런 결과가 빚어졌을까? 경연대회 참여자들의 투자 행태를 살펴보면, 그 원인을 찾을 수 있다. 우선 침팬지는 한번 주식을 사면 종목 교체를 하지 않고 경연대회가 끝날 때까지 그대로 가지고 간다. 반면 일반투자자는 객장의 소문이나 신문기사 등 보고 들은 정보를 통해 빠르게 매매한다. 기술적 분석에 의존하고 갈아타기(종목 교체)를 자주 한다. 세금, 수수료 등 거래비용이 많다.

반면에 펀드 매니저는 경제분석·산업분석·기업분석 등을 통해 종목을 선정하며, 첨단 금융기법을 이용해 포트폴리오(종목 구성)를 결정한다. 일반 투자자보다 매매빈도는 훨씬 적다. 거래비용이 적다는 게 실적에 영향을 준다고 할 수 있다. 거래비용에는 수수료는 물론 세금까지 포함된다.

참고로 잘 관리되는 펀드와 특정 지수 수익률을 좇는 인덱스 펀드(index fund)의 수익률을 조사한 결과, 인덱스 펀드가 우수한 것으로 나타났다. 대부분의 일반적인 펀드는 시장상황에 따라 매니저가 빈번한 교체매매를 한다. 반면에 인덱스 펀드는 큰 변화가 없는 한, 일단 포트폴리오를 짜면 거의 교체하지 않는다. 가늠자가 되는 지수변동률과 차이가 없는 한, 종목을 바꾸지 않는다. 결국 거래비용이 적다는 얘기다. 따라서 거래비용이 수익률의 차이를 불러온다고 결론을 내려볼 수 있다.

증권사들은 주식투자 인구의 저변 확대를 위해 대학생을 대상으로 투자대회를 열곤 한다. 이 대회 결과를 보면, 전체 평균은 대체로 시장수익률보다 낮다. 그러나 승자의 결과를 보면 놀라지 않을 수 없다. 시장 전체수익보다 몇 배나 높은 기록을 나타내기 때문이다. 학생이 투자를 했다면 얼마나 했다고 이러한 결과를 낼 수 있었는지 한번 생각해볼 필요가 있다.

그들은 분명히 아마추어다. 물론 대학 동아리를 통해 주식을 연구하는 학생들도 많다. 그래도 그들은 프로가 아니다. 아마추어일 뿐이다. 주식투자에 전문가가 없다는 방증이다.

  월 스트리트에 이런 이야기가 있다.

  "주식시장 전문가의 자격은 까다롭지 않다. 주식과 채권의 차이를 이해하면 도움이 된다. 채권 가격이 하락하면 수익률이 높아진다는 게 그 차이다. 그러나 이것 또한 기본적인 요건이 아니다. 전문가의 필수조건은 주가가 폭락 여부와 관계없이, 그저 낙관적이면 된다."

거래세 말고도 세금을 낼 때가 있다

주식투자를 하게 되면 거래세가 가장 부담스럽다. 주식을 팔면 무조건 거둬가기 때문이다. 그것도 주식을 처분한 매도금액이 투자자 손에 들어오기 전에 떼어간다. 그나마 자동차·부동산 등처럼 주식 보유에 따른 세금(재산세)이 없는 게 다행이라고 해야 할 듯싶다.

주식을 소유해 주주가 되면 회사로부터 반대급부를 받는다. 배당이 그 대표적인 투자보상 수단이다. 그러나 배당 외에 무상신주를 받거나 유상증자에 참여하는 경우도 생긴다. 이 때 주주에게 소득이 발생하게 된다. 소득은 곧바로 세금을 요구한다.

배당이 현금으로 이뤄지면 16.5%의 배당소득세를 내면 된다. 일반투자자들은 대부분 종합소득으로 합산되지 않고 분리과세로 끝나는 경우가 많다.

문제는 주식배당이 이뤄질 때다. 주식배당은 현금지급 대신 주식을 나

나눠준다. 투자자에게 배당금으로 지급하는 현금을 회사가 다시 받아 주식으로 나눠주는 것이 주식배당의 정식절차다. 그러나 실무적으로는 기업과 주주 사이의 현금을 주고받는 절차를 생략한 채 주식배당이 이뤄지고 있다.

현금이 회사에 납부된 점을 감안하면 유상증자가 된다. 그런데 세법에서는 주식배당을 무상증자로 간주하고 있다. 왜냐하면 내부유보금(이익잉여금)의 자본 전입으로 보기 때문이다. 따라서 소득세(주민세 포함 16.5%)를 내도록 하고 있다. 세금부과 기준금액은 시가가 아닌 액면가다. 주식배당이 액면가를 기준으로 이뤄지고 있기 때문이다.

무상증자는 말 그대로 회사가 돈을 받지 않고 주주에게 주식을 나눠주는 것을 말한다. 무상증자는 재원에 따라 세금이 붙기도 하고 그렇지 않기도 한다. 무상신주가 이익준비금·재평가차액 등 이익잉여금을 재원으로 발행되면 세금이 부과된다. 이익을 주주에게 나눠주는 배당과 같은 성격으로 보기 때문이다. 이 때 무상증자를 의제배당으로 간주해 세금을 부과한다.

반면에 자본잉여금인 주식발행초과금(유상신주 발행가와 액면가의 차액 누적치)이나 합병차익 등 자본잉여금을 재원으로 하는 무상신주는 일반적으로 세금이 부과되지 않는다.

유상증자는 기존 주주에게 배정된다. 돈을 내고 주식을 매수해야 한다. 따라서 세금은 없다. 주식 취득세가 없기 때문이다. 유상신주는 일반적으로 할인 발행된다.

발행가격이 주가보다 싸기 때문에 일부 주주가 실권을 통해 특정인에게 주식을 몰아주는 경우 문제가 발생할 수 있다. 이 때는 의제증여로 보고 증여세를 부과하기도 한다. 일반적으로 시가 할인율이 30%를 넘으면 세금 부담이 따르게 된다. 그런데 주주우선공모(주주가 실권하면 일반인을 대상으로 공모) 방식의 경우, 주주가 실권하더라도 특정인이 아닌 불특정다수인을 대상으로 하므로 세금을 내지 않는다.

애널리스트의 투자의견은 무엇을 말하는가?

개인투자자들은 외롭다. 주식시장에 넘쳐나는 얘기를 모두 들을 수 없기 때문이다. 그런가 하면 아주 중요한 얘기를 들었더라도, 소화해내지 못하는 경우가 많다. 이에 따라 증권사 애널리스트들이 내는 투자의견을 참조, 실제 매매에 활용하기도 한다.

그런데 애널리스트들의 투자의견은 중구난방이다. 때로는 사라는 얘기인지 팔라는 얘기인지조차 헷갈리기도 한다. 주가가 크게 요동을 치고 있는데도 줄곧 사라고만 한다. 도대체 투자의견이란 무엇이며, 무슨 의미가 있는지 알아둘 필요가 있다.

증권사나 애널리스트별로 투자의견에는 차이가 있다. '매수'는 투자의견이다. 하지만 언제까지 매수하고 얼마나 수익이 나는지조차 알 수 없도록 모호하게 표현되기도 한다. 이러한 현상은 증시 선진국이라는 미국도 마찬가지다. 애널리스트가 그렇게 잘 안다면 스스로 투자해 한몫 잡는 게 훨씬 나을 것이다. 어쨌든 증권사별로 투자의견에 대한 나름대로의 정의는 있다.

투자의견은 기본적으로 '매수'와 '매도'라는 두 축으로 구분될 수 있다. 이들 축은 다시 세분된다. 모두 4~5개로 구분된다. 매수도 아니고 매도도 아닌 '중립'을 중심으로, 매수를 '적극매수'와 '매수'로 나누면, 매도를 포함해 네 가지 의견이 가능하다. 매도를 '비중축소'와 '매도'로 세분화하면 다섯 가지 의견이 나온다. 먼저 우리나라의 투자 등급을 알아보고, 미국의 투자등급도 살펴보자.

◎ **적극매수(strong buy)**

주가가 급락함으로써 적정 주가와의 차이가 50% 이상 벌어진 기업에 대한 투자의견이다. '강력매수', '스트롱 바이', '지속 집중매수'라는 단어를 사용하기도 한다

◎ **매수(buy)**

적정 주가와의 차이가 커 시장수익률을 웃돌 수 있는 종목에 대한 의견이다. 이를 대신하는 표현으로는 단기매수, 매수유망, 매수유지, 매수지속, 분할매수, 시장수익률 상회, 신규매수, 신규편입, 장기매수, 장단기매수, 저가매수, 조건부매수, 중기매수, 중단기매수, 축적(accumulate), 아웃퍼폼(outperform), 오버퍼폼(overperform), 오버웨이트(overweight) 등이 있다. '적극매수'와 '매수'는 투자하면 일단 시장수익률을 웃돌 수 있다는 얘기다.

◎ 중립(neutral)

주가가 적정 수준에 있다는 의미다. 시장수익률은 좇아갈 수 있다는 의도를 포함하고 있다. 사라는 것도 아니고 팔라는 것도 아닌 어정쩡한 의견이므로 큰 의미는 없다. 관망, 단기보유, 단기중립, 매수유보, 보유, 시장관망, 장기관망, 장기보유, 마켓퍼폼(marketperform), 시장평균 유지, 뉴트럴 등의 단어가 대신 사용된다. '보유'라는 의미가 강하지만 곰곰이 생각해보면 어떻게 하라는 것인지 명확히 알 수 없다.

◎ 비중축소

주가가 적정 수준을 조금 웃돌고 있어, 조금 팔아야 한다는 의미다. 조금 줄이라고 했지만 위험이 큰 만큼, '매도'를 완곡하게 표현한 것으로 받아들여야 한다. 시장평균 이하, 언더웨이트(underweight), 마켓언더퍼폼(marketunderperform), 축소 등으로 표현하기도 한다.

◎ 매도(sell)

주가가 적정 수준을 지나치게 웃돌고 있어, 팔아야 한다는 의견이다. 향후 전망이 극도로 안 좋다는 의미다. 그런데 실제로는 좀처럼 보기 힘든 투자의견이다. 미국에서는 1만 개의 투자의견 가운데 한두 개에 그친다. 강력매도, 단기매도 등으로 표현된다.

우리나라의 투자등급 판정은 미국의 투자등급 판정보다 매우 주관적인 경향을 띤다. 투자등급이 주관적이라는 얘기는 허위정보가 될 수 있는 여지를 준다. 애널리스트의 주관이 많이 개입된 적정 주가를 기준으로, 주가와의 괴리도가 등급의 판정을 가늠한다. 기술적 분석 요인의 비중이 큰 편이다.

미국의 경우 회사별로 투자등급 표현이 다르다는 점은 우리와 비슷하다. 그러나 목표지수 초과수익률이나 이를 올릴 수 있는 기간 등이 등급판정의 기준으로 이용되고 있다는 점에서는 차이가 있다.

투자등급은 종목뿐만 아니라 산업에도 매겨진다. 비중확대, 중립, 비중축소 등 세 가지 등급으로 나뉜다. 비중확대는 저평가된 업종으로 투자를 늘리라는 권고다. 중립은 현재의 포트폴리오를 그대로 유지한 채, 매수·매도하지 말라는 얘기다. 비중축소는 중장기적인 전망이 불투명해 투자를 축소하라는 의미다. 주식투자 수익의 30%가 업종에서 나오고 있는 점을 감안하면 매매에 앞서 한번 짚어볼 만하다.

미국 주요 증권사별 투자의견

ABN 암로(ABN Amro)
- 매수(buy) : 향후 6개월 안에 기업·업종과 연관된 위험을 고려, S&P 500지수의 실적을 웃돌 것으로 예상
- 시장수익률 상회(outperform) : 앞으로 12개월 안에 S&P 500지수 실적을 웃돌 것으로 예상
- 보유(hold) : 향후 6~12개월 안에 S&P 500지수와 비슷한 실적을 보일 것으로 예상
- 시장수익률 하회(underperform) : 향후 12개월 안에 S&P 500지수 실적을 밑돌 것으로 예상
- 매도(sell) : 향후 6개월 안에 S&P 500지수 실적을 밑돌 것으로 예상

크레디 리요네(Credit Lyonnaise) 1년(12개월) 내의 수익률 기준
- 매수(buy) : 20% 이상 예상
- 추가(add) : 10~20% 예상
- 보유(hold) : 0~10% 예상
- 축소(reduce) : -20% 미만 예상
- 매도(sell) : -20% 이상 예상

레먼 브러더스(Lehman Brothers) 1년(12개월) 내의 예상수익률 기준
- 적극매수(strong buy) : 15% 이상

- 매수(buy) : 5~15%
- 시장수익률 충족(marketperform) : 예상수익률이 시장 실적과 대체로 일치 (-5~+5%)
- 매도(sell) : -15% 이상
- 모험(venture) : 효과적으로 분산된 포트폴리오에서만 보유

모건 스탠리(Morgan Stanley)

- 적극매수 : 단기적으로 시장수익률을 웃돌 것으로 예상. 시장이 보합수준일 경우 연간 총수익률을 20% 이상으로 예상
- 시장수익률 상회 : 위험을 고려해 투자가 매력적인 경우. 단, 다른 투자자산보다 매력적이어야 함
- 중립 : 매력이 있지도 않고 없지도 않은 경우. 주가가 가치를 완전히 반영함
- 시장수익률 하회 : 다른 주식 수익률보다 낮을 것으로 예상

로버트슨 스티븐스(Robertson Stephens) 1년 내의 예상수익률

| 시가총액 20억 달러 이상 종목 |

- 적극매수 : 25% 이상
- 매수 : 10~25%
- 시장수익률 충족 : -10~+10%
- 시장수익률 하회 : -10% 이상

| 시가총액 20억 달러 미만 종목 |

- 적극매수 : 50% 이상
- 매수 : 20~50%
- 시장수익률 충족 : -10%~+10%
- 시장수익률 하회 : -20% 이상

전문가의 투자의견은 무시하자

각 증권사에는 애널리스트들이 있다. 이들은 종목별로 투자의견을 내놓는다. 증권사마다 투자의견에는 차이가 있다. 앞에서 살펴본 것처럼 대체로 다섯 가지로 구분해볼 수 있다.

결론부터 살펴보면 애널리스트들의 투자의견에 따른 투자는 그다지 바람직하지 않은 것으로 나타났다. 미국 증권업계 리서치 전문업체인 〈인베스터닷컴〉이 1997년부터 4년 동안 투자의견을 상향조정할 때 매수하고, 하향조정할 때 매도한 후 투자수익률을 조사한 결과에 따르면, 가장 잘 한 회사의 수익률이 7%에 불과한 것으로 나타났다. 이는 같은 기간 동안 기록한 시장수익률(S&P 500지수) 74%의 10분의 1에도 못미치는 아주 저조한 결과였다. 수익은커녕 오히려 손해를 본 경우가 훨씬 많았다.

왜 이러한 결과가 나왔을까? 분석가들은 이에 대해 애널리스트들이 실제보다 훨씬 더 긍정적으로 기업의 투자의견을 평가하고 있기 때문이라고 주장한다. 그러나 〈인베스터닷컴〉은 애널리스트들의 이른바 '양떼 근성 (herd instinct)'에서 그 원인을 찾고 있다. 애널리스트들은 자신들이 비교될 수 있다는 점을 불안하게 여긴 나머지 서로 비슷한 평가를 하는 경향이 있다. 다시 말해 잘못된 전망을 두려워하는 게 아니다. "남들과 같이 가자"라는 양떼 근성 때문이라는 얘기다. 즉 몰려다닌다는 의미다. 본전이라도 찾으려는 의도가 이러한 결과를 불러오는 것으로 볼 수 있다.

애널리스트들의 최대수익률과 최소수익률의 차이는 15%에 불과하다. 이처럼 작은 차이는 이들이 남의 눈치를 보면서 투자의견을 내고 있음을 시사한다. "주식을 선정할 때 미인 선발대회의 심사처럼 하라"라는 얘기와 같다. "내 마음에 들기보다는 다른 사람들이 마음에 들어하는지를 파악하라"라는 얘기와 맥을 같이 한다.

2003년 상반기 증권사들은 500개 종목에 대해 무려 1만 여 개의 투자의견을 내놓았다. 한 종목당 평균 20회 이상의 투자의견이 나왔다는 얘기다. 매수의견을 내놓고도 단기차익을 겨냥한 매도를 권하기도 하고, 차액실현을 위한 단기매수라는 말을 하기도 한다. 투자자들과의 마찰을 피하려는 듯한 아주 자신감 없는 투자의견이다. 어떤 종목의 주가가 30만 원일 때 매수의견을 냈는데, 절반인 15만 원으로 떨어져도 여전히 매수의견을 고집하는 경우조차 있다. 차라리 투자의견은 없는 게 나을지도 모르겠다.

애널리스트들은 주가가 오르면 투자의견을 상향조정하고 떨어지면 하향조정하곤 한다. 시장을 이끄는 게 아니라 끌려다니는 꼴이다. 따라서 이들이 내는 투자의견, 이에 따른 시장 움직임에 대해 비판적인 시각을 가져야 할 필요가 있다. 아울러 주식시장에는 전문가가 없다는 점을 다시 한번 명심해야 한다.

증권가의 말장난 1

직접적이든 간접적이든 간에, 주식투자와 연관된 사람들이 많이 늘어났다. 특히 매스컴에서 주가 방송을 할 정도로 주식에 대한 인식이 많이 확산됐다. 주식투자가 점점 대중화되면서 전문적인 지식을 갖춘 투자자들도 많아졌다. 그러나 아직도 눈가림식으로 투자자, 아니 국민들을 오도하는 말들이 나돌고 있다. 증권업계뿐만 아니라 정부 또한 무책임한 말들을 마구 남발해 혼란을 가중시키고 있다. 특히 주식투자에 대해 '저축'이라는 말을 사용해 서민(소액자본가)들을 꼬드기곤 한다.

저축의 본질은 절약해서 모아둔다는 의미다. 소득의 일부를 아껴 은행 등 금융기관에 맡겨두는 것도 저축이다. 금융기관에 맡기면 이자가 붙는다. 이를 저축예금이라고 한다. 금융기관이 저축금을 자신의 운용자금으로 사용하기 때문에 그 대가로 이자를 지불하는 것이다. 아울러 원금은 손실을 보지 않는 것으로 알고 있다. 그만큼 안전성이 높다. 금융기관이 파산하면 일정 금액 이하는 되돌려받을 수 있는 제도적 장치도 마련돼 있다.

증권가에서도 '저축' 이라는 말로 투자자들을 기만하는 경우가 많다. 이자는 고사하고 원금을 까먹는 경우가 생길 수도 있는 게 주식투자다. 원금 손실이 가능한 투자인데도 저축이라고 우기는 사례들을 살펴보자.

우선 증권저축이라는 상품을 예로 들어보자. 주로 일반인을 대상으로 하며 세금혜택이 있다. 세금혜택은 수익에 대해 세금을 한푼도 내지 않는 '면제' 또는 세금의 일부만 내는 '우대' 로 구분된다. 돈 많은 사람이 이 혜택을 받으면 세금을 전혀 내지 않고 돈을 불릴 수 있다. 단, 국가 수입에 지장을 주는 만큼 저축액에 제한을 두고 있다.

금융기관(주로 증권사)에 맡겨놓음으로써 이자에 해당하는 이용료를 받기만 하면 저축의 개념이 될 수 있다(증권사는 고객이 맡긴 자금을 기업이나 개인에게 빌려주고 이자를 받는 은행업무를 할 수 없다. 그러나 주식을 사거나 회사 자금으로 고객의 돈을 사용할 수 있다. 따라서 이자라는 말 대신 이용료라고 표현한다).

그런데 증권저축은 일단 증권 매수를 전제조건으로 하고 있다. 따라서 주가에 따라 저축한 사람이 돌려받게 되는 돈이 다르다. 주가가 급등하면 수익이 커질 수 있다. 그러나 반대로 주가가 급락하면 수익은커녕 원금마저 까먹는 손실이 발생할 수 있다. 따라서 주식투자는 원금이 보장되고 '플러스 알파' 가 있는 저축수단이 아니다. 그러나 정부는 '증권저축' 이라는 말을 거침없이 사용하며 국민들을 기만(?)하고 있다.

'고수익 펀드' 도 우리를 속이려는 상품이다. '하이일드(high-yield) 펀드' 라고 하기도 한다. '높은 수익' 이라는, 그것도 영어로 표기되어 있어 언뜻 들으면 매력적이다. 그렇게만 되면 더 좋을 게 없다. 그러나 그 배후에 숨겨져 있는 위험을 알아야 한다. 수익이 높은 만큼 큰 위험이 뒤따른다(High

Return, High Risk). 이 상품은 위험은 감추고 높은 수익만 강조하고 있다. 여기에서 말하는 위험은 손실이다. 수익은 말할 것도 없고 원금마저 깨질 수 있다. 그런데도 이러한 위험은 제대로 알리지 않고 높은 수익만을 내세워 국민들을 기만하고 있다.

고수익 펀드는 원금이나 이자의 지불 가능성이 낮은 채권을 운용대상으로 하는 상품이다. 고위험·고수익을 의미하는 정크본드(Junk Bond, '투기등급채권'이라고도 한다)가 투자의 주요 대상이다. 따라서 만기가 도래한 채권의 지불이 이뤄지지 않으면 어김없이 손해를 보게 된다. 물론 여러 개의 정크본드를 함께 운용하기 때문에 손실이 분산되는 효과는 있다. 반면에 지불되지 못하는 채권이 여러 개 나올 수도 있어 오히려 위험이 커질 수 있다. 그런데도 '고수익'만 내세우고 있다.

더욱이 금리 변화에 따른 손실도 전혀 고려하지 않고 있다. 금리가 오르면 채권가격은 떨어진다. 금리가 낮을 때 투자한 사람들은 손실을 입게 된다. 부도 가능성과 금리 상승이라는 이중부담을 안고 있는 상품을 '고수익'이라는 말로 포장해 국민들을 유인하고 있다.

'원금 보장'이라는 말 또한 조심해야 한다. 얼핏 들으면 손해를 볼 일은 없어 보인다. 그러나 이것 역시 잘못된 생각이다. 원금보장상품은 기본적으로 채권에 투자하고, 그 이자를 통해 주식에 투자하는 운용방식을 채택하고 있다. 채권을 할인가격으로 매수하고, 할인된 금액만큼 주식을 사들여 운용한다. 할인채권은 만기가 되면 원금이 된다.

여기에 주가가 오르면 플러스 알파가 커지게 된다. 주가가 떨어지더라도 플러스 알파가 줄어들 뿐, 원금은 그대로 유지된다. 극단적인 경우 주가가 제로가 된다 해도 원금은 그대로 보전된다. 여기까지는 원금보장이라는 말이 가능하다. 그런데 이는 주식에 대한 위험만 강조했을 뿐, 채권투자 위험은 전혀 고려하지 않고 있다. 물론 운용대상 채권이 100% 국공채이거나 보증부채권 또는 담보부채권이라면 원금보장 가능성은 매우 높다.

일반적으로 국공채는 원리금 상환이 확실하기 때문에 위험을 제로로 본다. 보증부채권 역시 원리금 상환의 안전성이 높으며 담보부채권도 대신 변제할 수 있는 수단이 있다. 그러나 보증기관이 거덜나거나 담보가치가 하락하는 경우가 있다. 따라서 위험이 전혀 없다고는 할 수 없다. 아울러 국공채 펀드가 아닌 이상 100% 무위험 채권으로 운용하기는 어렵다. 또 이들 채권은 일반 채권에 비해 금리가 낮은 점도 부담스럽다. 원금보장이라는 말을 정확히 해석해보면 사기성이 매우 짙다고 할 수 있다.

수익증권! 저축인가, 투자인가?

2001년 10월 26일 당시 진념 경제부총리 겸 재정경제부 장관은 여의도에 있는 한 투자신탁회사를 방문했다. 주식시장 안정을 위해 정부가 정책적으로 허용한 '장기증권저축' 상품의 판매를 촉진하기 위해서였다. 경제정책 최고 자리에 있는 결정자도 사니까 국민들도 구입하라는 선전효과를 노린 것이다. 이튿날 신문을 비롯해 모든 매스컴은 "진 부총리가 장기증권저축 상품에 가입했다"라는 보도를 했다.

필자는 기사에서 '금융상품에 가입했다'는 말이 상당히 거슬렸다. 그런가 하면 '장기증권저축'이라는 상품명에 저축이라는 단어도 전혀 어울리지 않았다. 표현을 가지고 옳고 그름을 따지려는 게 아니다. 필자의 말뜻은 정부나 언론이 앞장서서 국민을 오도하지 말자는 것이다.

이에 앞서 9월 11일, 미국 뉴욕의 국제무역센터가 비행기 테러를 당했다. 미국은 물론 세계 주가도 테러를 당한 듯 폭락했다. '장기증권저축'은 주식시장을 부양하기 위해(정부의 표현으로는 안정시키기 위해) 정부가 다급하게 만들어낸 금융상품이었다. 1인당 5,000만 원을 한도로 1년 이상 투자하면 소득세 감면 등의 혜택을 받을 수 있는 상품이다. 본인이 직접 주식투자를 하거나 투신사가 취급하는 상품을 살 수 있다. 문제는 이 상품에 투자한 돈의 70% 이상을 반드시 주식으로 채워야 한다는 데서 발생한다.

'장기증권저축'에 붙어 있는 '저축'이라는 단어의 사전적 의미를 살펴보자. '아껴서 모으다'로 되어 있다. 시대가 변해 은행이 망하는 경우도 있다지만, 저축이라는 단어에는 원금 보전은 기본이고 덤으로 이자가 붙는 것으로 받아들여지고 있다. 그런데 이 상품은 가격 변동이 심한 주식을 운용대상으로 하고 있다. 따라서 이자는커녕 원금마저 까먹는 경우도 생긴다. 사전적인 의미로 보아도 저축은 아니다. 오히려 미래의 가능성을 보고 돈을 맡기는 투자가 되는 셈이다. 위험이 뒤따르는 '투자'라는 용어를 사용하는 게 적합하다.

수익증권에 '투자'라는 말 대신 '저축'이라는 말이 사용된 것은 매우 오래되었다. 1980년대 우리나라 최초의 수익증권이라고 할 수 있는 '안성 1호'가 발매될 때 저축이라는 이쁜(?) 말을 이용해 자금을 끌어들였다. 오늘날과는 달리 극히 일부 사람만이 주식에 관심을 갖고 있을 때였다. 따라서 시중자금을 끌어들이기 위해 위험이 수반되는 '투자'라는 말 대신 '저축'이라는 용어를 사용했다. 우선 안심이 되고 이자도 붙는다는 심리적 안정감을 줄 수 있기 때문이었다.

그런데 20년이 지난 현재까지 이 단어를 그대로 사용하는 것은 문제가 있다. 정부가 앞장서서 아주 자연스럽게 사용하고는 있으나, 반드시 재고해보아야 할 것이다. 그 동안 주식투자 인구도 많이 늘었다. 주식시장의 규모도 커졌다. 이제는 올바른 용어를 사용할 때가 됐다. 국민을 기만하려는 작태는 이제 버려야 할 것이다.

재미있는 사실은 재정경제부 관계자들도 이를 잘 알고 있다는 점이다. 그러나 결제과정을 거치면서 '투자'라는 말은 사라지고 '저축'이라는 표현으로 자연스럽게 바뀐다고 한다. 증시안정책이 나올 때마다 매번 이러한 일이 반복되고 있는 점을 이해하기란 쉽지 않다.

증권가의 말장난 2

증권가처럼 말이 많은 곳도 드물다. 하긴 많은 사람이 모였으니 당연하다. 더욱이 돈과 관련되어 있는 만큼 여느 곳보다 말이 많을 것이다. 어느 말을 새겨들어야 할 지 알 수 없을 정도로 많은 소문들이 나돈다. 아무도 모르는 미래를 놓고, 치고받아야 하니 그럴 수밖에 없을 것이다.

그 중에서 전문가들이나 주식에 대해 안다는 사람들이 떠드는 말은 직설적이지 않다. 그들이 내뱉는 말들은 속뜻이 따로 있는 듯싶다. 그것도 아주 깊은 속뜻이 있어 보인다. 그냥 들으면 아주 그럴 듯하다. 아니, 아무 일 없는 듯싶다. 그러나 숨은 뜻은 전혀 다른 경우가 많다. 2001년 7월 초 〈월 스트리트 저널〉에 실렸던 기사를 중심으로 살펴보자.

◎ 이번에는 다르다

증시의 주변환경이나 주가흐름이 과거와 비슷할 때 자주 등장한다. 특히 우려감이 높아질 때 튀어나온다. 현재의 가치 평가로는 주가가 정당화되지 않는다는 의미다. 그러면서 계속 매수를 권유하고 있는 셈이다. 과거와는 뭐가 다른지 쉽게 이해되지 않는 경우가 많다. 마치 "과거를 묻지 마세요"와 같은 느낌을 준다.

◎ 강세장은 아직 무너지지 않았다

주가가 고점에서 많이 떨어졌으나, 이는 주가 급등에 따른 조정으로 당연히 받아들여야 한다는 의미다. 기다리라는 얘기이기도 하다. 달리 보면 스스로 '자신은 장기투자'라고 위로하고 있다는 것을 알 수 있다. 하긴 기다리면 뭐 안 될 게 있나. '세월이 약'인데….

◎ 조심스럽게 낙관적이다

상황은 좋지 않다. 그래도 희망을 가져야 한다는 의미를 갖는다. 그러나 사실은 앞으로 어떤 일이 일어날지 모른다는 얘기다. 불투명하기 때문에 나도 모르겠다는 의미도 포함돼 있다. 그런데 이런 말을 하는 사람은 대체로 이미 주식을 처분했거나 조만간 매도하려는 경우가 많다는 점을 알면 경악스럽다.

◎ 시장은 악재를 반영했다

부진한 실적이라든가 기업환경 악화 등의 충격이 반영된 듯한 느낌을 준다. 반등의 여지가 있다는 의미다. 그러나 악재가 완전히 소멸됐다는 얘기는 결코 아니다. 악재가 완전 소멸되면 최소한 기술적 반등이라도 일어날 것이다. 그러나 이것 또한 자신이 없을 때 위로하기 위해 만들어낸 말에 불과하다.

◎ 시장은 악재를 소화해내고 있다

이 말의 의미는 매우 좋아 보인다. 그러나 주가하락 추세는 지속된다는 얘기다. 주가하락에 따라 결국 투자자 모두가 고통을 받게 된다는 뜻이다. 더 손해 보기 전에 빨리 팔라는 게 진정한 의미일 것이다.

◎ 건실한 조정이다

걱정할 필요가 없다. "겨우 7% 정도 하락했는데…"라며 추가하락에 대해 건네는 위로의 말에 불과하다. 그렇다고 오른다는 의미는 결코 아니란 점에 유념할 필요가 있다.

◎ 과도하게 매도된 상태다

주가가 빠르게 하락했다. 주가가 10% 이상 떨어지면 이런 얘기가 나온다. "주가가 이처럼 무너질 줄 누가 알았나?"라는 한탄 섞인 말이다. 반등의 의미를 부여하고 있다. 그러나 누가 알 수 있는가!

◎ 선별적인 대응전략이 필요하다

주가가 15% 이상 떨어졌다. "그래도 아직 돈을 벌 수 있다"라는 착각을 유발한다. 추세를 무시하면 안 된다는 것을 알면서도 이렇게 말할 수밖에 없는 심정을 완곡하게 표현했다고 볼 수 있다.

◎ **주식시장이 아니라 주식의 시장이다**
(It's a market of stocks, not a stock market.)

우리가 갖고 있는 주식은 대부분 떨어졌다. 그래도 찾아보면 먹을 게 있다. "시장을 떠나지 말라"라는 아주 무책임한 말이기도 하다.

◎ **바닥에 근접했다**

주가 반등이 기대된다는 의미다. 그러나 공황에도 근접했다는 생각을 해볼 만하다. V자형(주가가 급격히 반등하는 모습)으로 주가 회복을 시사하는 듯싶다. 그러나 바닥이 얼마나 깊은지는 아무도 모른다. L자형(바닥에서 주가가 장기간 헤매는 장세)으로 이어질 수도 있다.

◎ **종합주가지수 600포인트 선이 지지선으로 작용한다**

반등을 시사한다. 700포인트 선이 무너지고 계속 떨어져, 600포인트 선이 무너지지 않기를 바라는 속마음을 표현한 것뿐이다.

◎ **지금 매수는 떨어지는 칼을 잡는 것과도 같다**

두려움에 사로잡혀 어떻게 할지를 모르겠다는 표현이다. 목숨이 중요하다. 떨어지는 칼날은 무조건 피하는 게 상책이다.

◎ **안전도피처로의 이동이다**

머니마켓펀드(MMF)와 같은 단기상품으로 자금이 이동한다. 그런데 실제로 MMF는 주식투자금과는 상관없는 자금으로 분류되고 있다.

◎ **버블인지는 항상 알고 있다**

"왜 1년 전에 팔지 않았나?"라는 한탄을 말한다. 실행하지 못했음을 후회한다는 의미다.

◎ **언제가 매수시점인지 어느 누구도 벨을 울리지 않는다**

주가 반전은 아무도 모른다는 얘기다. 만일을 대비해 귀를 열어놓으라는 뜻으로 고무적인 표현이다.

◎ **투자자들이 항복하기를 기다린다**

시장은 3주 전에 바닥을 쳤으나 우리는 아직 이를 알지 못하고 있을 뿐이다. 상당히 위로가 되는 말이다. 투자자들이 주식을 다 처분해야만 주가가 반등하기 때문에 이런 말이 나왔다.

내 돈을 노리는 투자자들

　"지피지기(知彼知己)면 백전백승(百戰百勝)"이라는 말이 있다. 나를 알고 적을 알면 항상 이긴다는 얘기다. 주식시장에도 이 말이 적용된다고 할 수 있다.

　나와 함께 주식을 매매하는 사람을 알면 돈을 벌기가 조금은 수월해질 듯싶다. 참여자들의 심리에 따라 주식시장이 움직인다는 관점에서 보면, 이 말은 대박을 보장(?)하고 있는 거나 다름없는 셈이다.

　주식시장에서 주식을 사고 파는 사람들은 누구인가? 그리고 그들은 어떠한 특성을 갖고 있을까? 한두 명이 아니고 수백만의 사람들이 뛰어들고 있어, 이들의 특성을 딱히 뭐라 집어낼 수는 없다. 그래도 대충이나마 파악하면 시장에서의 승산은 어느 정도 높아진다고 할 수 있다.

　주식시장 참여자들은 먼저 크게 둘로 나뉜다. 즉 내국인과 외국인의 구분이다. 내국인은 다시 개인투자자·기관투자가·기타법인 등으로 구분해

첫번째 메모 | **주식투자자의 심리 뒤집어 보기**

볼 수 있다. 따라서 시장참여자들은 개인투자자·기관투자가·기타법인·외국인 등으로 분류할 수 있다.

◎ 개인투자자

일반투자자로, 흔히 개미라고 한다. 개미군단이라고도 한다. 이 책을 읽는 투자자 대부분이 여기에 해당될 것이다.

일반투자자는 어떤 특성을 갖고 있을까? 우선 개인투자자는 투자 자금이 적은 편이다. 밑천이 적다는 얘기다. 밑천이 적어서 배짱도 약하다.

여기에서 우리는 일반투자자의 특성을 유추해낼 수 있다. 우선 밑천이 적은 만큼 고가주보다는 저가주를 선호한다. 가격은 낮으나 숫적으로는 배를 불릴 수 있기 때문인 듯싶다. 배짱이 적은 만큼 인내력도 약하다. 다시 말해 웬만큼 수익이 나면 이내 팔아버린다. 따라서 장기보다는 단기 투자를 선호하고, 사고 팔기가 쉬운 종목에 매매를 집중하게 된다.

매매가 원활하려면 발행주식 수가 많아야 한다. 다시 말해 자본금이 큰 대형주가 개인투자자의 주요 매매대상이다. 개인투자자의 특성은 저가대형주를 단기매매하는 경향이 짙다는 결론을 내려볼 수 있다.

또 매매가 빈번하다는 말은 수수료와 거래세를 많이 낸다는 얘기다. 증권사로서는 주요 수입원인 셈이다. 아울러 이들은 자금에 의해 주가가 움직이는 유동장세에서 주도 세력을 형성한다. 유동장세에서는 저가주의 탄력성이 크기 때문이다. 그런가 하면 '폭탄 돌리기'와 같은 처지에 놓이기도 한다.

기관투자가

기관투자가는 누구를 말하는가? 개인투자자의 상대적 개념으로 이해되고 있지만, 명확한 정의를 내리기는 어렵다. 다만, 법인세법에 의거해 그들의 실체를 파악할 수 있다.

기관투자가는 법인세를 감면받는 기관을 말한다. 법인세 혜택을 받는 수입원은 배당금이다. 하지만 배당을 모두 수익금으로 계산하지는 않는다. 수익이 줄어드는 만큼 세금이 적어진다. '조세감면에관한법률'에는 배당소득을 계산하지 않는 기관들이 소개돼 있다. 은행·증권·보험·투자신탁 등 대부분 금융기관이다.

이들이 배당수입에 대해 세금 혜택을 받는 주된 이유는 배당세금을 이중으로 내는 폐해를 방지하려는 데 있다. 기관투자가들이 주식시장의 안전판 역할을 하기 때문에 세금을 덜어주는 것은 결코 아니다. 이들 기관은 대체로 자기 돈이 아닌 고객들이 맡긴 자금으로 주식을 매매하고(투자자 입장에서 보면 간접투자가 된다), 그 수익은 고객에게 나눠준다. 기관들이 거둔 수익은 크게 매매차익과 배당으로 구분된다. 문제는 고객이 이들 금융기관으로부터 수익을 받을 때 소득세를 내야 하는 데서 발생한다.

만약 기관이 기업으로부터 배당을 받을 때 세금을 낸다면 배당에 대해서는 이중으로 세금이 징수된다. 가뜩이나 쥐꼬리만한 배당에 세금을 두 번이나 내면 남는 게 없을 것이다. 따라서 기관들이 받는 배당에 대해서는 세금을 부과하지 않는다. 한 마디로 배당에 대한 세금을 감면받는 금융기관을 우리는 '기관투자가'라고 한다. 그렇다면 이들 기관투자가는 어떤 특성을 지니고 있는가?

앞에서 잠깐 설명했듯이 기관투자가들은 일반 사람들이 맡긴 자금으로 투자를 한다. 수많은 사람들이 자신의 돈을 불려달라고 이들에게 자금을 맡긴다. 따라서 일반투자자들과는 비교할 수 없는 거액의 투자금을 굴린다. 또 이들 자금은 단기보다는 장기로 맡겨진다.

이 거금을 운용하는 사람(펀드 매니저)들은 밑천이 두둑한 셈이다. 배짱이 클 수밖에 없다. 일단 단기보다는 장기투자를 할 수 있는 여건을 갖추게 된다. 그렇다고 손실을 피할 수는 없다. 분산투자라는 수단으로는 손해를 줄일 수 있을 뿐이다.

손해를 보는 경우 또는 수익을 내는 경우라 해도, 이들은 시장수익률 정도는 따라갈 수 있어야 한다. 예를 들어 보자. 어느 펀드 매니저가 1년 동안 30%의 수익을 냈다고 하자. 잘 했을까, 못했을까? 얼핏 보면 30%라는 수익률은 매우 높다. 그런데 주식시장의 수익률이 같은 기간 동안 50% 올랐다면 어떠한가? 이 매니저는 결코 잘 한 게 아니다. 수익을 냈다 하더라도 시장 수익보다 낮으면 별 볼일 없는 매니저가 되고 만다.

반대로 10% 손해를 보았다고 하자. 기본적으로 손해를 입으면 운용을 제대로 못한 것으로 생각한다. 그런데 주식시장이 50% 폭락했는데, 10%만 손해를 보았다면? 절대적(10% 손실)으로는 못했으나 상대적(50% 폭락 대비 40%의 초과수익)으로는 무척 잘 한 게 된다.

여기에서 기관투자가들의 기본 운용전략을 이끌어낼 수 있다. 기관투자가들은 기본적으로 운용수익을 시장수익률에 맞추는 게 유리하다. 시장수익률에는 채권금리 또는 정기예금금리도 있을 수 있다. 그래도 시장수익률이란 주식시장이 얼마나 오르고 떨어지는지를 가늠하는 기준이다. 종합주가지수의 변동률이 대표적인 시장수익률이라 할 수 있다. 따라서 기관투자가들의 실적은 종합주가지수 변동률을 따라가면 된다(이를 '인덱스 기법'이라고 한다).

우리나라 종합주가지수는 시가총액방식을 채택하고 있다. 시가총액이 높은 종목 위주로 투자를 하면 시장수익률을 따라갈 수 있다. 결국 기관투자가들의 기본 운용전략은 시가총액 상위종목에 초점을 맞추고 있다.

대체로 주가가 높고 발행주식 수도 많은 회사 주식들로, 고가대형주라고 할 수 있다. 일반인들이 선호하는 저가대형주와 비교하면 고가우량주라고 할 수 있다.

기관투자가별로 살펴보면 대체로 다음과 같은 특징이 있다. 은행의 주식투자는 지불준비금에 초점이 맞춰져 있다. 매매차익보다는 안정적인 배당이나 장기 수익성이 높은 종목을 선호하는 경향이 있다. 재무위험이 낮은 국공채에 집중 투자하며, 원금 안전성 확보에 주력한다.

보험은 생명보험과 손해보험으로 구분된다. 생명보험은 계약자의 사망이나 연금 등을 지불하기 위한 수단으로서 주식투자를 한다. 따라서 은행보다 장기투자가 가능하다. 장기라는 의미는 유동성이 낮아도 된다는 의미다. 일반적으로 상당히 보수적인 성향을 띠고 있다. 손해보험은 생명보험과 달리 유동성이 강조된다. 사고 발생에 수반되는 보험금 지불이 언제 일어날지 모르기 때문이다.

투신사는 돈을 맡기는 사람들의 투자 유형에 따라 그 운용방식이 달라진다.

기타법인

기관투자가와 달리 일반 법인체를 말한다. 개인이 아닌 법인자격으로 주식을 매매한다. 물론 수익을 내기 위해서다. 자사 주식을 사고 팔 수도 있다.

자사 주식의 경우 내부거래의 가능성이 있다. 따라서 자사 주식을 매매할 때는 제한이 뒤따른다. 그룹사에 속하는 기업들은 계열사 주식 매매를 통해 유동성을 높이거나 지분 조정을 하기도 한다. 사전에 매매 양측이 종목·수량·가격 등을 정해놓고, 시장을 통해 매매를 하는 자전거래(自轉去來, cross trading)를 많이 하는 편이다.

외국인

1992년부터 시작된 자본시장 자유화에 따라 외국인은 국내 기업에 별다른 제한없이 투자할 수 있게 되었다. 일부 기간산업의 경우 지분에 제한을 받기도 하지만, 기본적으로 모든 기업의 주식을 살 수 있다. 내국인과 구분되는 이유는 외화자금 유출입과 세금 문제 때문이다. 부수적으로 외국인에 의한 기업 지배 여부도 중요하다.

외국인이라고 해서 외국의 개인만을 의미하지는 않는다. 외국인이란 대부분 투자은행 등 외국의 기관투자가들을 뜻한다. 따라서 기본 운용방침은 국내 기관투자가와 거의 비슷하다.

외국인들은 달러 등 외화자금으로 투자를 한다. 외화자금을 원화로 바꿔 주식을 산다. 따라서 환율의 영향을 받게 된다. 외국자금이 들어오면 원화 수요가 늘어난다. 원화가 강세를 보이면서 환율이 하락한다. 반대로 외국자금이 유출되면 원화공급이 늘어나 환율은 상승한다.

환율 변화와 외국인 투자를 살펴보자. 환율이 1달러당 1,000원에서 2,000원으로 올랐다고 가정하자. 환율이 1,000원일 때 1만 달러를 투자하면 주가가 1만 원인 주식 1,000주를 살 수 있다. 환율이 2,000원으로 오르면 1만 원짜리 주식 매수 수량은 2,000주로 크게 늘어난다. 외국인의 입장에서 볼 때 투자금 1만 달러는 변화가 없다. 따라서 환율이 상승하면 외국인 입장에서 국내 주가는 그만큼 싸지게 된다.

환율이 오르면 외국인에게는 주가하락 효과가 나타난다. 새로운 외국인 투자자에게는 저가 매수의 기회가 된다. 그런데 이미 투자한 외국인은 어떻게 되는가? 1만 원짜리 주식 1,000주가 있다. 매도를 하면 원화로 1,000만 원이다. 환율이 1,000원이므로 달러로 바꾸면 1만 달러가 된다. 그런데 환율이 2,000원이라면 주식 매각대금 1,000만 원은 5,000달러로 크게 낮아진다. 외국인으로서는 큰 손실이 발생한다.

환율이 지속적인 상승추세라면 외국인은 매도를 하고 주가는 하락한다. 환율이 어느 정도 오르면 외국인은 저가주를 살 수 있다. 주가하락에 환율 상승이 겹치면 외국인에게는 더 큰 매수 기회가 된다고 할 수 있다. 환율이 떨어지면 반대 현상이 일어난다.

잠을 편히 이룰 수 있을 만큼만 투자하자

주식투자 규모는 어느 정도가 적당할까? 이는 매우 주관적인 질문이다. 일반적인 해답을 찾기가 어렵다. 개인투자자들의 경우 적게는 몇십만 원에서, 많게는 수십억 원씩 투자를 한다. 사람마다 경제상황이 다르기 때문이다. 단순히 먹고살기 위해 주식투자를 하는 사람이 있다.

그런가 하면 여유자금으로 투자를 하기도 한다. 또 목돈을 한꺼번에 투자하기도 하지만, 매월 또는 정기적으로 돈을 모아 투자하는 사람도 있다. 이런 사람들은 모두 자기 돈으로 투자를 한다. 그나마 낫다고 할 수 있다.

남의 돈으로 투자하는 사람도 있다. 빚을 내서 투자를 한다. 아주 최악의 경우다. 주가가 오른다 하더라도 이자를 내야 하기 때문에 적어도 주가가 이자보다 더 올라야만 남는 게 있다. 그렇지 않다면 손실이 쌓이게 된다. 게다가 주가가 떨어지면 이자에 손실금까지 부담해야 하는 이중의 고통을 받게 된다.

주식투자 규모는 얼마가 적당한가? 무엇보다도 투자 위험 감수 정도가 투자 규모를 결정할 수 있을 것이다. 위험 감수 정도는 손실을 얼마나 견뎌낼 수 있는지를 말한다. 몇만 원에 목숨을 거는 사람이 있고, 몇억 원을 우습게 아는 사람도 있다. 따라서 투자 규모는 투자자가 처해 있는 경제상황에 따라 결정된다고 할 수 있다.

그래도 뭔가 투자 규모를 결정할 수 있는 척도가 있을 만하다. 그것은 숙면의 정도로 비유해볼 수 있다. 쉽게 얘기하면, 갖고 있는 주식이 모두 휴지조각이 되어도 잠을 편히 잘 수 있는 만큼만 투자하면 된다. 악몽이나 식은땀을 흘리지 않고 숙면을 이룰 수 있을 정도의 여유가 적정 투자 규모라고 할 수 있다.

분산투자는 과연 개인투자자에게 적합한가?

분산투자는 수익보다 위험관리에 초점을 맞추고 있다. 한 종목에 집중 투자할 경우 파산할 위험이 크다. 위험을 줄이기 위해 여러 종목에 투자를 하라는 것이 곧 분산투자다. 높은 위험이 따르는 고수익을 겨냥하기보다는 위험을 줄이면서 적정 수익을 실현한다는 목적이다. 조금 어려운 말로 좁은 의미의 포트폴리오라고 한다.

이러한 분산투자는 과연 개인투자자들에 적합한가? 이 질문에 대한 답은 "아니오"라고 할 수 있다. 왜 그런가? 한 마디로 개인투자자들은 개미이기 때문이다. 다시 말해 투자 자금이 적다. 여러 종목으로 분산투자를 하기에는 자금이 턱없이 부족하다. 이론적인 분산투자를 하기에는 어림도 없다.

우리나라 주식시장에서 개인투자자들의 평균 투자액은 3,000만 원을 밑돈다. 평균 주가가 2만 원 정도라고 가정하자. 증권거래소 시장에서 매매기본 단위인 10주씩만 사도 보유할 수 있는 종목은 15개에 불과하다. 학자들이 합리적인 분산투자 종목 수라고 주장하는 20개에 턱없이 부족하다. 따라서 개인투자자에게 분산투자를 하라는 것은 주식투자를 하지 말라는 얘기와 같다. 실제로 일반투자자 한 사람이 보유하고 있는 주식은 2~3개 종목에 불과하다.

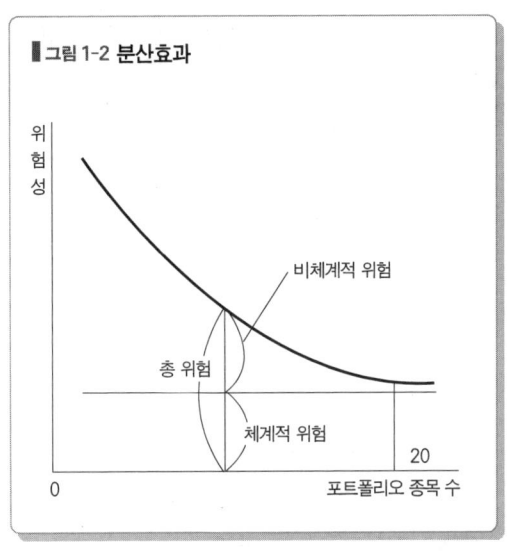

분산투자는 개별종목의 위험(비체계적 위험)을 줄일 뿐이다. 다시 말해 분산투자한 종목 중 일부가 무너져도 다른 종목들이 이를 보상할 수 있다는 얘기다. 그렇다고 해도 시장 전체의 하락(체계적 위험)은 그대로 노출된다.

〈그림 1-2〉의 그래프를 살펴보면 개별종목의 위험을 줄일 수 있는 분산투자의 적정 숫자는 20개다. 분산투자 종목 수가 적으면 위험성이 크다. 종목 수가 늘어날수록 전체 위험성이 줄어든다. 20개에 달하면 위험성은 거의 변화를 보이지 않는다. 이 때 단일종목으로 투자하는 것보다 위험성이 약 30% 감소한다고 학자들은 실증분석하고 있다. 그래도 시장 위험성은 그대로 남아 있다. 이는 좀더 넓은 의미의 포트폴리오를 구성하면 해결될 듯싶다. 즉 다른 시장(예를 들어 국제적 분산·채권·부동산·금 등)에 투자하면 된다. 언론이나 증권전문가들이 마치 진리인 양 떠드는 분산투자는, 개인투자자에게 실제로 적용하기 어렵다는 사실을 유념해둘 필요가 있다.

피부색이 투자 성향을 결정한다

피부색에서 투자문화의 차이를 찾을 수 있는가? 그렇다. 피부색이 짙을수록 보수적이며, 위험성이 큰 투자수단에 대해 조심스러워하는 경향을 보이는 것으로 나타났다.

미국 증권업계의 설문조사 결과를 〈월 스트리트 저널〉이 인용 보도한 바에 따르면, 인종에 따라 투자문화의 차이가 큰 것으로 나타났다. 에어리얼 뮤추얼펀드(Ariel Mutual Fund)와 찰스 슈왑(Charles Schwab)이 5만 달러 이상 소득을 올리는 흑인과 백인을 대상으로 투자문화에 대해 설문조사를 한 결과, 백인은 나이별로, 흑인은 소득별로 투자에 대한 시각에서 큰 차이를 보였다.

이 조사에서 두드러진 특징은 1998년 57%였던 흑인의 주식투자 비율이 2000년에는 69%로 증가한 반면, 백인들은 80%로 변화가 없었다는 점이다. 1990년대 말 미국 증시가 성장을 개념으로 상승세를 구가하면서, 흑인들의 시장참여를 확대시킨 셈이다.

흑인투자자들에게는 개인 소득수준이 투자 규모에 큰 영향을 주고 있다. 연간 소득이 10만 달러인 흑인은 연간 소득 7만 5,000달러의 흑인보다 세 배나 많은 주식을 보유하고 있다. 그러나 백인의 경우 이러한 차이가 나타나지 않았다.

나이 면에서 흑인의 투자 규모는 큰 변화가 없었다. 그러나 35~44세의 백인들은 35세 이하보다 세 배 이상의 주식을 보유하고 있는 것으로 분석됐다. 백인의 83%는 주식이 최적의 투자 수단이라고 동의한 반면, 흑인은 59%만이 그렇다는 반응을 보였다. 피부색이 짙을수록 보수적이라는 결론을 내릴 수 있다.

국가에 따라서도 투자성향의 특색이 다르다는 연구결과도 있다. 영국인들은 질적 정보를 좋아하고, 미국인들은 수치 정보를 선호하는 경향이 높다고 한다. 강세장일 때는 수치 정보보다는 이야기에 따라 주가 움직임의 강도가 달라진다는 주장도 있다.

이해할 수 없는 사람들

"원금 보장은 기본이고 높은 수익도 얻을 수 있다."
이 말에 끌려 너무 쉽게 남에게 돈을 내주는 사람들이 늘고 있다. 그러나 이자는 고사하고 원금조차 한푼 받지 못하고 돈을 떼인다. 한 마디로 높은 수익에 눈이 어두워 멍청해진 사람들이다. 어렵게 이야기하면 높은 수익에 위험이 뒤따른다는 투자의 기본원칙조차 모르는 사람들이다. 때로는 정부도 이와 비슷한 수법을 쓴다.

최근 들어 경제가 어려워지면서 불법으로 자금을 끌어들이는 사기꾼들이 크게 늘고 있다. 돈을 모으는 방법은 저마다 다양하지만, '원금 보장과 높은 수익'을 내세우는 점은 한결같다. 기본적으로 원금을 보장하는 투자는 없다. 모든 투자에는 위험이 뒤따르기 때문이다.

시중금리보다 터무니없이 높은 수익을 거둘 수 있는 방법은 현실적으로 존재할 수 없다. 불법으로 버는 돈이 아니라면 장기적으로 모든 투자의 수익은 시중금리 정도다. 장기적으로 시중금리보다 높은 수익을 올릴 수 있는 시장이 있다면 주식·채권·부동산 등과 같은 시장은 여지없이 무너진다.

자금흐름의 기본은 '지배의 원칙'에 있다. "높은 수익을 좇아 자금이 움직인다"라는 것이 지배의 원칙이다. 따라서 수익이 높은 곳으로 자금이 몰리면 다른 쪽은 무너지는 게 당연하다.

2001년 금융감독원이 밝힌 불법 자금모집 행위를 살펴보면 크게 세 가지 유형으로 구분된다. 불법 다단계 판매방식을 통한 자금모집, 적법한 증권발행절차를 가장한 자금모집, 근거 없는 원금 또는 고수익 보장을 통한 자금모집 등이다.

불법 다단계 방식은 주로 '방문판매등에관한법률'에 따라 관할 시·군·구청에 다단계 판매업자로 등록한 후, 마치 적법한 업체인 양 자금을 끌어모은다. 물론 등록조차 않고 불법으로 다단계 영업을 하는 사례도 많다. 주로 상품이나 용역의 거래없이 금전거래만을 한다. 은행이 예금을 받는 것처럼 수신업무를 하는 셈이다. 이를 '유사수신'이라고 한다. 이를 피하기 위해 상품(주로 '획기적'이라는 수식어를 단 건강식품이 이용된다) 판매형태를 취하는 등 교묘한 수법이 동원된다.

여기에서 주의할 점은 관할 시·군·구청에 등록된 업체라도 무조건 믿어서는 안 된다는 것이다. 상품이나 용역의 매매없이 돈만 왔다갔다 하면, 유사수신으로서 명백한 불법이다. "원금 및 수익을 보장한다"라는 표현이 나오면 당연히 문제가 있는 것으로 간주하면 된다.

적법한 증권발행 절차를 가장해 자금을 모집하는 수법은, 증권거래법에 따라 금융감독위원회에 등록한 회사라는 사실을 이용한다. 금융감독위원회 등록업체라는 사실을 내세워 자금을 적법한 것처럼 끌어들인다. 그런데 이들 기업은 유가증권 발행인 등록만 했을 뿐이다. 자금을 모집할 때 꼭 해야 하는 유가증권신고서를 제출하지 않고, 등록업체라는 점만 강조하며 돈을 끌어모은다.

주식 등 유가증권을 발행할 때는 두 가지 법적 절차가 필요하다. 우선 금융감독위원회에 유가증권 발행인 등록을 해야 한다. 그리고 자금을 모으려면 유가증권신고서를 내야 한다. 그런데 50명 미만으로부터 10억 원 미만의 자금을 모을 때는 유가증권신고서를 내지 않아도 된다. 흔히 이를 '사모'라고 한다. 바로 이 점을 이용한다. 다시 말해 금융감독위원회에 등록을 하고, 49명 이하로 10억 원 미만의 자금을 모집하는 것처럼 위장하는 것이다. 실제로는 50명보다 훨씬 많은 사람들로부터 10억 원 이상의 자금을 모은다.

이 수법에는 대체로 투자설명회가 동원된다. 투자설명회에는 정치인이나 유명인의 대형 축하화분이 늘어서 있기도 한다. 이러한 행위는 '공모'로서, 유가증권신고서를 제출해야 한다. 그러나 대부분의 사람들은 이를 알지 못한다. 따라서 금융감독위원회에 등록했다고 해도 유가증권신고서의 제출 여부를 확인해야 한다. 금융감독원을 직접 방문하거나 금융감독원 인터넷 홈페이지(www.fss.or.kr)의 '전자공시 시스템'에서 확인할 수 있다. 아울러 원금이나 수익을 보장한다면, 그것은 무조건 불법이라는 점도 알아둘 필요가 있다.

원금 또는 높은 수익을 보장한다는 수법은 '유사수신행위의규제에관한법률'을 위반하는 경우다. '○○캐피털', '○○상호금융투자' 등의 이름을 붙여 마치 제도권 금융기관처럼 행세한다. "부동산이나 벤처기업 투자를 통해 수익을 크게 올릴 수 있다"라는 수법이 흔히 이용된다. 인터넷 사

지역감정과 금융사기

언뜻 보기에 전혀 어울리지 않는 단어지만, 한때 말이 많았다. IMF 관리체제 이후 김대중 정부가 들어서면서 동화·대동·동남은행 등 '3동(실제로는 '동'을 된소리로 읽는다)'이 퇴출당했다. 그리고 '캐피털'이라는 이름을 가진 회사들이 크게 늘어났다. '3동'에서 일하던 직원들이 설립한 회사였다. 주로 영남지역에 많았는데, 대동·동남 등이 이 지역 은행이었기 때문으로 짐작된다. 전직 은행원이었던 이들은 전주(錢主)를 많이 알고 있어 자금을 모으기가 쉬웠다. 원금보장과 더불어 높은 수익이 미끼였다. 당연히 유사수신으로 불법이었다. 그런데 이들이 법의 조치를 받게 되자 김대중 정부를 의식한 듯 '지역감정 때문'이라는 말이 등장했다. 지역감정의 뿌리가 얼마나 깊은지 보여준 단면이기도 했다.

이트를 통해, 또는 해외투자 명목으로 자금을 모으기도 한다. 금융감독위원회나 금융감독원 홈페이지 등에서 제도권 금융기관(은행·증권·보험·종합금융 등)인지의 여부를 확인해야 한다. 최근에는 설립요건이 아주 간단한 투자자문사를 설립해 돈을 챙기고 튀는 수법도 등장하고 있다.

우리사주는 피하라

종업원지주제도는 종업원들에게 자기회사 주식을 취득·소유케 하는 제도다. 기업이 거둬들이는 이익을 종업원들에게 나누어준다는 좋은 취지를 갖고 있다. 기업에 대한 참여의식 제고와 더불어 노사 관계의 개선 및 생산성 향상을 목적으로 하고 있다. 주식 소유를 통한 애사심 제고, 생산성 향상, 그리고 종업원들이 자기 재산까지 늘릴 수 있다는 측면에서 보면 매우 고무적이라고 할 수 있다.

종업원지주제도로는 이미 시행되고 있는 우리사주제도 외에 새로 도입되는 우리사주신탁제도(employee stock ownership plan : ESOP)를 들 수 있다. 스톡 옵션도 포함될 수 있다. 이러한 배려는 기업 스스로 필요성을 느껴서라기보다는 정부의 적극적인 강압(?)을 통해 이뤄지고 있다는 게 좀더 솔직한 표현일지 모르겠다. 정부 주도 아래 시행되는 종업원지주제도는 사실 주식시장 안정이라는 정책적인 성격이 강하기 때문이다.

우리사주제도는 종업원들의 재산 형성을 촉진하기 위해 증권거래법을 통해 강제화되고 있다. 반면에 우리사주신탁제도는 성과급 내지 퇴직금 지급수단으로 필요하다는 주장이다. 두 제도의 동질성은 자기회사 주식에 투자한다는 데 있다. 하지만 자금의 출연에서는 차이가 난다. 우리사주제도는 종업원들의 출연금만으로 이뤄진다. 반면에 우리사주신탁제도는 종업원뿐만 아니라 회사측에서도 자금을 댄다. 이 때 회사가 낸 돈은 회사 소유가 아닌 종업원들 몫으로 돌아간다. 회사 투자분은 물론 비용으로 처리된다. 이러한 종업원지주제도가 과연 합리적인지 따져볼 필요가 있다.

자기회사 주식에만 투자를 하는 현재의 종업원지주제도는 우선 주식투자는 분산시켜야 한다는 기본논리에 어긋난다. 회사가 잘 되면 월급도 많아지고 주가도 오르므로 더 이상 바랄 게 없다. 그러나 회사가 무너지면 어떻게 되는가? 월급이 줄어드는 것은 물론, 해고까지 감수해야 한다. 게다가 주가까지 떨어지면 종업원은 이중삼중으로 손해를 입게 된다. 따라서 '위험관리가 우선'이라는 투자의 기본원칙에 위배된다.

퇴사를 하려고 해도, 퇴직금으로 우리사주 대금을 다 갚지 못해 회사를 마지못해 다녀야 하는 사람도 있다. 이들은 우리사주를 노비문서라고 비난한다. 우리사주신탁제도 또한 마찬가지일 것이다. 스톡 옵션은 권리를 포기하면 그만인 듯싶다. 그러나 스톡 옵션을 받는 대신 월급을 적게 받은 점을 감안하면 실질적으로는 손해다.

기업의 실질적인 주인인 주주 입장에서 보면 종업원지주제도는 말도 안 되는 얘기다. 우선 주주는 회사에 대해 지분율을 유지할 권리가 있다. 기업이 증자를 하면 기존의 지분율만큼 신주를 배정받아야 한다. 물론 이러한 권리는 주주가 스스로 포기할 수 있다. 그런데 우리사주제도로 인해 신주

물량의 20%는 종업원들에게 우선 배정된다. 그리고 그 나머지가 주주들에게 돌아간다. 따라서 주주권리가 그만큼 침해당하는 셈이다.

우리사주신탁제도도 같은 맥락에서 주주에게는 손해다. 기업이 돈을 낼수록 주주의 몫은 그만큼 줄어들게 된다. 특히 우리사주신탁제도의 도입은 노사 협의에 따라 결정되기 때문에 회사의 실질적인 주인인 주주는 배제하고 있다는 문제점도 있다.

종업원들이 돈을 모아 자기회사 주식을 사는 것은 문제될 것이 없다. 오히려 주주로서는 좋을 것이다. 그러나 회사가 자금을 대고 자사의 주식을 매수해 종업원들에게 무상으로 주는 것은, 기업지배 구조에 큰 영향을 미치게 된다. 스톡 옵션 역시 그렇다. 주식을 미리 정해진 가격에 살 수 있기 때문이다. 이 때 사전에 정해진 가격이 주가보다 낮으면 스톡 옵션을 행사하는 종업원은 이익을 얻는다. 주가가 올랐다는 측면에서 주주에게도 유리하기는 하나, 종업원의 이득만큼 손해를 보게 된다. 더욱이 옵션 권리 행사로 받은 주식이 시장에 매물로 나오면 주가마저 떨어져, 주주로서는 이중으로 손해를 보게 된다.

이러한 제도의 시행을 통해 기업 실적이 좋아지고 주가가 오르면 말썽이 없을 것이다. 종업원들이 잘 한 만큼 주주도 어느 정도 덕을 보기 때문이다. 누이 좋고 매부 좋을 때는 문제가 일어나지 않는다. 그러나 어느 한쪽이 손해를 보거나 같이 망가질 때는 꼭 말썽이 난다. 자사주 투자와 관련해서는 남의 떡이 훨씬 클 수 있다는 점을 다시 한번 생각할 필요가 있다.

돈 버는 투자방법

대박은 꿈으로 남겨두고 쪽박은 차지 않는 투자방법이 있다. 바로 정액정기 투자방법이다. 영어로는 'Dollar-Cost Averaging Method'라고 한다. 선뜻 이해하기 어려울 수도 있지만, 실제로는 아주 쉬운 방법이다. 일정 금액을 일정한 시기에 장기적으로 투자하면 된다. 일정 금액은 각기 투자자의 경제사정에 따라 다를 것이다. 시기 또한 매월도 좋고, 보너스 나오는 날로 잡아도 좋다. 중요한 것은, 주가가 어떻게 흐르는지 관심을 갖지 말라는 점이다.

주가가 오르면 오른 대로, 떨어지면 떨어진 대로 당초 정한 시기에 정한 금액만큼 주식을 사면 된다. 이 같은 방법은 부풀린 가격으로 주식을 매수하는 데 따른 위험을 줄이고자 하는 목적을 갖고 있다. 주가가 올랐을 때 예전과 같은 금액으로 주식을 사면, 당연히 매수량이 줄어든다. 반대로 주가가 떨어졌을 때는 늘어난다.

첫번째 메모 | 주식투자자의 심리 뒤집어 보기

■표 1-1 정액정기 투자방법

	투자액	주가	매수 수량
A주식	15만 원	1만 원	15주
B주식	15만 원	1만 5,000원	10주
C주식	15만 원	5,000원	30주
총비용	45만 원		
평균가격		1만 원	
총주식 수			55주
평균 매수가격	약 8,200원		

〈표 1-1〉은 15만 원씩 3차례에 걸쳐 주식을 매수한 결과를 요약하고 있다. 투자총액은 45만 원이다. 주가 단순 평균은 1만 원이다. 반면에 매수량을 감안한 평균가격은 이보다 낮은 8,200원이다. 수수료는 제외했다. 이 같은 가격차는 주가가 낮을 때 매수량이 늘어나는 데서 비롯된다. 주가가 오를 때 적게 매수한 위험을 덜어준다.

이러한 방법이 모든 것을 해결해주는 것은 아니다. 하락장세가 이어지면 어떤 수단을 써도 손실을 방어하지 못한다. 이 방법의 중요한 특징은 주가와 상관없이 정기적으로 매수한다는 점이다. 급등을 하든 급락을 하든, 흔들리지 말아야 한다. 자동매수에 간섭을 할 경우 저가 매수에 따른 이점을 놓칠 수 있다.

〔이 부분은 필자의 번역서인 《월가에서 배우는 랜덤워크 투자전략(A Random Walk Down Wall Street)》에서 발췌했음을 밝힌다〕.

노후보장을 위한 주식과 채권의 적정 배합

우리나라도 노령화 사회로 접어들고 있다. UN이 정한 '노령화 사회'는 65세 이상의 노인인구가 전체인구의 7%를 웃돌 때를 말한다. '노령화 사회'에서 노인인구가 증가해 전체인구의 14%를 넘어서면 '노령 사회'라고 한다. 2002년 초 LG경제연구소는 2023년에 이르게 되면, 우리나라가 노령 사회에 접어들 것이라는 전망을 내놓았다.

노령 사회에 접어들수록 15~65세 미만의 청장년층 부담이 커진다. 노령화 사회 초기에는 노인 1명을 부양하는 데 12.5명의 청장년층이 필요한 것으로 계산됐다. 반면에 본격적인 노령 사회에 접어들면 청장년 5.7명이 노인 1명을 부양해야 하는 것으로 나타났다. 국민연금이나 개인연금 등 사회복지제도를 시행하고는 있으나 제대로 운용되는지 의구심을 떨칠 수 없는 상황이다.

따라서 독자적으로 노후 생활자금을 마련하기 위해서는 어느 정도의 자

■ 표 1-2 자산의 평균 수익률 (기간 : 1926~2000년)

자산	수익률(%)
S&P 500	11.0
장기 회사채	5.7
장기 재정 증권	5.3
30일 재정 증권	3.8
인플레이션	3.1

출처: 아이비보스턴(Ibboston) 협회

금이 필요한지 알아보는 것도 재미있을 듯싶다. 특히 주식과 채권에 투자해 필요한 자금을 마련한다면 어떻게 배합을 하는 것이 합리적인지도 살펴볼 만하다. 미국에서 발표된 자료로 설명을 해보자.

노후생활에 필요한 자금을 계산하는 방법에는 여러 가지가 있다. 우선 과거 유가증권의 수익을 기준으로 원금을 보전해가며 인출률을 산출해볼 수 있다. 이를 위해서는 주식과 채권이 과거 어떠한 실적을 올렸는지 알아야 한다. 또 자산배분 비율도 있어야 인출률을 계산할 수 있다. 미국 아이비보스턴(Ibboston) 협회가 밝힌 1926~2000년 동안의 평균 수익률을 살펴보자.

어느 투자자가 자산을 주식 70%, 회사채 15%, 재정증권 15%에 분산투자했다고 하자. 인출률은 9.35%(11%×0.7+5.7%×0.15+5.3×0.15)가 된다. 이렇게 계산된 인출률은 주가가 11% 이상 오르면 별다른 문제가 없다. 그러나 주가가 급락할 때 인출률을 그대로 유지하면 원금이 줄어들 위험이 있다. 노후 생활자금 조달에 차질이 빚어진다. 특히 인플레이션을 감안하면

표 1-3 지급기간 · 인출률별 포트폴리오의 유지 가능성(%)

지급기간	3%	4%	5%	6%	7%	8%	9%	10%	11%	12%
|100% 주식|										
15년	100	100	98	98	93	91	88	77	63	55
20년	100	98	96	94	92	84	73	61	47	43
25년	100	98	96	91	87	78	70	50	43	35
30년	100	98	96	90	85	78	68	54	49	34
|75% 주식 / 25% 채권|										
15년	100	100	100	100	96	95	91	79	63	46
20년	100	100	100	96	94	88	71	51	41	33
25년	100	100	98	96	91	78	57	46	33	26
30년	100	100	98	96	88	73	54	46	37	24
|50% 주식 / 50% 채권|										
15년	100	100	100	100	100	98	91	71	50	36
20년	100	100	100	100	96	88	61	41	25	10
25년	100	100	100	98	96	70	43T	22	7	0
30년	100	100	100	98	90	51	37	15	0	0
|25% 주식 / 75% 채권|										
15년	100	100	100	100	100	100	91	50	21	14
20년	100	100	100	100	100	71	24	12	4	2
25년	100	100	100	100	78	22	9	0	0	0
30년	100	100	100	100	32	5	0	0	0	0
|100% 채권|										
15년	100	100	100	100	100	79	43	38	14	7
20년	100	100	100	96	47	35	16	6	0	0
25년	100	100	98	52	26	7	2	0	0	0
30년	100	100	51	27	0	0	0	0	0	0

출처: The Street.com

표 1-4 현재와 미래의 소득지출 흐름

현재	연간소득	6,000만 원
	연간지출	5,000만 원
	연간저축	1,000만 원
미래	예상지출	4,000만 원
	연 금	800만 원
	기타편익	200만 원
소득지출 차이		3,000만 원

명목가치가 더 떨어지게 된다.

텍사스 주 샌안토니오에 있는 트리니트 대학의 필립 쿨리 교수는 포트폴리오 가치보전에 대한 확률적 연구결과를 발표했다. 주식 100%에서 채권 100%까지 다양한 포트폴리오를 구성하고 인출기간과 인출률에 따른 원금보전 가능성을 조사했다.

〈표 1-3〉을 읽는 방법에 대해 알아보자. 주식 75%, 채권 25%로 구성된 포트폴리오에서 15년 동안 6%를 인출할 수 있는 확률은 100%다. 인출률을 10%로 높이면 확률은 79%로 낮아진다. 인출기간 30년, 인출률 10%일 경우 원금이 존속할 수 있는 가능성은 46%로 절반에도 미치지 못한다. 인출기간이 길어지면 길어질수록 원금이 유지될 수 있는 가능성은 낮아진다. 인출률이 높아지는 경우도 마찬가지다. 여기에서 인플레이션을 감안하면 원금보전 확률은 당연히 낮아지게 된다는 점도 알아두면 좋다.

미래 노후자금을 근거로 필요자금과 인출률을 계산할 수도 있다.

〈표 1-4〉는 어떤 사람의 현재와 미래의 소득과 지출흐름을 나타내고 있

다. 미래의 소득과 지출 차이(3,000만 원)를 메우기 위해서는 어느 정도의 자산이 있는지 계산해봐야 한다. 일반적으로 은퇴 이후 가진 자산에서의 인출률은 5~8%가 적합한 것으로 보고 있다. 따라서 이 사람은 연간 3,000만 원의 추가 수입을 위해 3억 7,500만 원의 최소자산이 있어야 한다. 인출률을 5%로 잡으면 은퇴할 때 6억 원의 자산이 필요하다.

여기에서 인플레이션은 개인이 처한 경제적 상황에 따라 달라진다. 예를 들어 자신의 집을 갖고 있는지, 전셋집에서 사는지를 감안해 이를 반영해야 한다. 여기에서 현재 자산이 예상자산보다 적으면 지출을 줄이고 저축을 늘려야 한다는 예상도 할 수 있다.

헤론 캐피털 매니지먼트의 데이비드 에드워드(David Edward) 회장은 은퇴자산의 포트폴리오로서 주식 60~80%, 채권 20~40%를 권장하고 있다. 더불어 소득이 최고 수준에 있을 때 수익률을 극대화하기 위해서는 자산배분에서 주식의 비중을 늘리도록 권장하고 있다.

'주식투자는 타이밍의 예술이다.' 그 두번째 메모
주식시장의 흐름 다시 보기

흔히 성공투자는 종목 선정과 타이밍(매매시점)에 좌우된다고 한다.
오를 수 있는 종목을 선정하고, 사고 파는 시점을 정확히 짚어내 실행하면
수익을 극대화할 수 있다는 얘기다. 종목과 매매시점을 정확히 안다면
누구나 대박을 터뜨릴 것이다.
그런데 오를 수 있는 종목을 선정한다는 게 쉽지 않다.

주식시장은 대자본이 소액자본을 착취하기 위한 수단?

주식시장은 자본주의 경제 구조에서 핵심적인 역할을 수행하고 있다. 주식시장은 금융시장의 일부다. 자금을 매개로 수요자와 공급자를 연결하는 수단이다. 자금 수요자는 정부·기업·금융기관들이며, 자금 공급자는 투자자들이다. 자금 수요자들은 채권이나 주식을 발행해 필요한 돈을 조달한다. 반면에 자금 공급자들은 돈으로 채권이나 주식을 매수한다. 조금 어렵게 얘기하면, 자본의 중장기 조달을 위해 주식시장이 만들어졌다고 할 수 있다. 따라서 주식시장은 여유자금을 갖고 있는 사람의 돈을 확대 재생산에 사용하기 위해 고안됐다고 할 수 있다.

확대 재생산이 잘 이뤄져 자금을 댄 사람에게 혜택이 돌아가면 그만큼 좋을 수 없다. 그러나 항상 확대 재생산이 순조롭게 이루어지는 것은 아니다. 확대는커녕 오히려 위축되기도 한다. 이 경우 자금 공급자에게는 치명적인 상처를 남기게 된다. 다시 말해 대준 돈이 날아간다.

자본주의의 개념은 독일계 유대인인 카를 마르크스(Karl Marx)에 의해 처음으로 규명됐다. 19세기 산업혁명은 기계에 의한 생산 증가를 촉진시켰다. 이에 따라 예전까지 귀족과 농민으로 구분되던 사회적 신분구조가 자본가와 노동자로 바뀌었다.

자본가는 공장을 설립한다. 그리고 노동자를 고용한다. 물론 노동자에게는 임금이 지불된다. 자본가는 노동자들이 생산한 상품을 판매해 잉여가치, 다시 말해 이익을 얻는다. 이 이익은 다시 공장에 투입돼 노동자를 더욱 끌어들인다. 임금을 받는 노동자들은 자신들이 생산한 상품을 사들여 자본가의 잉여가치를 높여준다. 확대 재생산이 이뤄지는 것이다.

마르크스의 주장에 따르면, 자본가는 노동자들이 생산한 잉여가치를 통해 부를 늘린다. 반면에 노동자들은 단지 임금을 받는 존재로 남게 된다. 결국 자본주의는 일하는 노동자에 의해 유지된다. 다시 말해 노동력이 자본주의를 지탱하는 토대가 되는 것이다. 이 같은 순환을 마르크스는 자본가의 노동자 착취라고 했다. 아울러 이러한 착취가 확대될 것이라고 경고했다.

여기에서 자본가는 대자본을 가진 사람을 말한다. 노동자들은 일반투자자들로서 소액자본가가 될 수 있다. 따라서 주식시장은 대자본이 소액자본을 착취하기 위한 수단(?)이라고 주장할 만하다. 물론 지나치게 비약적인 얘기일 수도 있다.

주식시장은 당신의 돈을 노린다

 주식시장의 주된 기능은 산업자본의 조달이다. 다시 말해 기업들이 유가증권을 발행해 필요한 자금을 끌어다 쓰기 위한 하나의 수단이다.

기업은 자금을 공급받는 대신 투자자에게 대가를 지불한다. 자금조달을 위한 수단이 채권인 경우, 확정된 이자와 더불어 만기가 되면 원금을 돌려준다. 반대로 주식인 경우, 기업지배권과 경영권 일부를 나눠주게 된다. 주식의 경우 채권과 달리 특정인에게 몰아주지 않는다. 많은 사람들에게 조금씩 나눠주기 때문에, 이들은 기업에 대해 사실상 전권을 행사할 수는 없다. 이는 소액주주 운동이 전개되고 있는 이유이기도 하다. 그래도 미약하나마 기업지배권이 있어 기업 성과를 분배받기도 한다. 이를 배당이라고 한다. 그러나 실적이 나쁘면 기업은 배당을 하지 않아도 된다.

주식시장이 산업자금 조달의 장이라는 사실에 유의해 생각해보자. 기업은 주식시장에서 자금을 끌어다 쓴다. 주식시장에서 자금이 이탈한다. 기업이 가져다 쓴 만큼 새로운 자금이 흘러들어오지 않는다면 주식시장은 어떻게 되는가? 당연히 자금이 고갈되어 자금 부족상태에 처한다.

경기가 좋아진다면 기업들은 더 많은 대가를 지불하고 자금을 쓰려 할 것이다. 자금조달 수단인 채권과 주식 발행이 늘어나면서 채권가격과 주식가격은 떨어지게 된다(금리는 오른다). 기업의 입장에서는 자금을 비싸게 쓰게 된다. 이에 따라 유가증권가격은 하락하게 되고 투자자들은 손해를 입는다. 새로운 자금이 주식시장에 꾸준히 유입되지 않는 한, 투자자들은 손해를 보게 된다. 시중 자금의 흐름이 주식시장에서 왜 중요한지 잘 보여주는 대목이다.

〈그림 2-1〉을 살펴보자. 주식시장 전체의 시가총액을 T라고 하자. T는 개별종목의 주가에 발행주식 수를 곱한 개별종목 시가총액의 합이다. 따라서 개별종목 주가에 따라 늘거나 줄기도 한다. 기관투자가와 개인투자자들이 투자한 금액 전체를 I라고 하자. I는 투자자들이 갖고 있는 종목의 시가

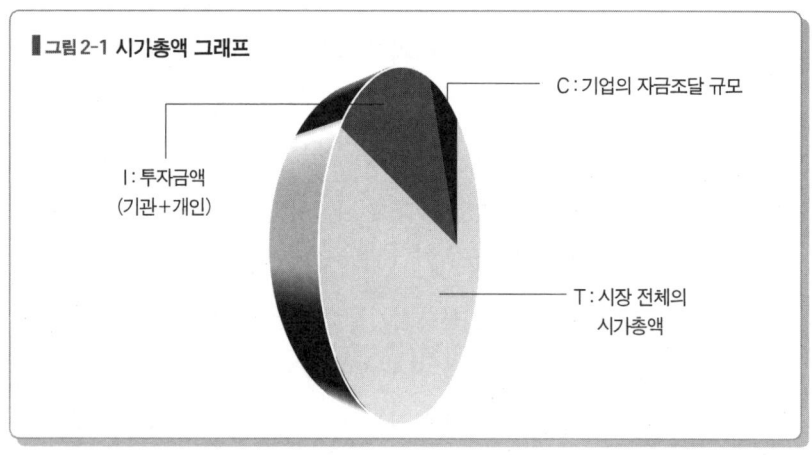

■ 그림 2-1 시가총액 그래프

C : 기업의 자금조달 규모

I : 투자금액
(기관+개인)

T : 시장 전체의
시가총액

총액이다. T는 투자자들이 투자한 규모에 따라 결정된다. I의 시가총액이 커지면서 T 역시 덩달아 팽창하게 된다. 주식시장의 실질가치는 투자자들이 투자한 자금뿐이다.

기업들이 유상증자 등을 통해 조달해가는 자금을 C라고 하자. C가 주식시장에서 인출되면 I는 그만큼 줄어든다. 발행주식 수가 늘어나므로 T는 변하지 않을 수도 있다. 그러나 일반적으로 유상신주 발행가격이 시가보다 낮게 할인 발행되는 만큼 T는 줄어들게 된다. 아울러 I가 줄어들면서 T는 축소될 수밖에 없다. 물론 C만큼의 자금이 즉시 보충되지 않으면 그렇게 된다.

여기에서 중요한 것은 투자자들이 주가만 본다는 사실이다. T가 시장 참여자의 기대와 욕심에 따라 합의된 결과라는 사실을 알지 못한다. 절대가격이 아닌, 날마다 변하는 상대가격에 따라 결정된다.

솜사탕을 예로 들어보자. 설탕이 실질금액이다. 주식시장은 솜사탕을 만드는 기계다. 크게 부풀어진 솜사탕이 바로 시가총액이다. 솜사탕은 설탕보다 더 맛이 있다. 당분 농도는 변하지 않았으나, 적어도 모양이나 맛에 있어서는 설탕보다 낫다. 그런데 손으로 솜사탕을 움켜쥐면 당분 결정체만 남는다. 주식시장과 솜사탕을 연관시켜 생각해보면 상당히 허무해진다.

항상 꽃이 피지는 않는다

기업은 주식시장을 통해 필요한 자본을 조달한다. 조달된 자본을 밑천으로 이익을 창출해가며 성장한다. 기업 성장은 곧 경제 성장이다. 경제가 확대되면서 국가 경쟁력도 높아진다. "주식시장이 자본주의의 꽃"이라는 말은 여기에서 생겨났다. 그런데 꽃은 항상 피어 있지 않다. 활짝 피기도 하지만 시들어 떨어지기도 한다. 주식시장을 잘 묘사하고 있다고 할 수 있다.

꽃이 활짝 피어 있을 때는 아름답다. 그러나 시들면 지저분하기 이를 데 없다. 좋던 향기도 썩은 냄새로 바뀐다. 주가 흐름을 보아도 그렇다. 오르다가 밀리는 과정을 반복한다.

많은 투자자들은 주식시장이 항상 활짝 핀 꽃이기를 기대한다. 그러나 이는 욕심이다. 기대할 수 없는 것을 기대하고 있다. "일단 활짝 피면 조만간 진다"라는 진리를 알면서도 투자자들은 그렇지 않기를 바란다.

주식은 때를 맞춰 사고 팔아야 한다. 아무 때나 생각없이 매수하거나 언젠가는 오른다는 단순한 생각으로 주식을 갖고 있는 자세는 결코 바람직하지 않다. 주식시장이 자본주의의 꽃이라면 투자자들은 꽃이 피어날 시기를 파악하는 데 주력해야 할 것이다.

또한 씨를 뿌린다고 해서 언제나 싹이 트는 게 아니다. 뿌리를 내리고 싹이 올라오기를 기다려야 한다. 또 싹이 올라와도 잘 자라는지 살펴볼 필요가 있다. 지속적인 성장을 통해 마침내 꽃봉오리를 맺었다고 해서 안심해서는 안 된다. 꽃이라고 해서 모두 같지는 않다. 꽃에 따라 피는 시기가 다르다. 하루 만에 지는 꽃도 있고, 이보다 길게 화려함을 자랑하는 꽃도 있다.

결론은 간단하다. 주식투자에서 성공하려면 추세를 타야 한다. 투자수익의 50%가 추세에서 나온다는 분석도 있다. 하락추세에서는 아무리 잘 해도, 상승추세에서의 수익 절반 정도를 올리는 데 그친다.

추세를 타기 위한 하나의 방법으로 신문 1면 머릿기사를 이용하는 방법이 있다. 대부분의 신문들이 '주식시장 붕괴' 등 무시무시한 용어를 구사하면서 침체장을 거론할 때가 바로 매수 시점이다. 언론에서 두들겨 맞는(?) 만큼 정부가 뭔가를 내놓을 가능성이 크기 때문이다. 주식을 사거든 잊어버리자. 주식시장 과열에 대한 얘기가 신문 1면 톱을 장식하더라도 그냥 던져두면 된다. 과열을 우려한 시장조치가 나올 수 있기 때문이다.

주식투자 수익은 어디에서 오는가?

흔히 성공투자는 종목 선정과 타이밍(매매시점)에 좌우된다고 한다. 오를 수 있는 종목을 선정하고, 사고 파는 시점을 정확히 짚어내 실행하면 수익을 극대화할 수 있다는 얘기다. 종목과 매매시점을 정확히 안다면 누구나 대박을 터뜨릴 것이다. 그런데 오를 수 있는 종목을 선정한다는 게 쉽지 않다. 모든 투자자에게 마찬가지다. 이를 해결하기 위한 방법으로 학자들이 고안한 것이 바로 포트폴리오다.

포트폴리오는 한두 종목이 아닌 여러 종목에 분산 투자해 위험을 가급적 회피하는 방법이다. 매매시점을 파악하는 것도 쉽지 않다. 어느 시점이 꼭 대기이고 바닥인지, 주식시장을 고안해낸 사람조차 알 수 없다. 물론 인간을 창조했다는 하느님도 알지 못한다. 따라서 "무릎에서 사고 어깨에서 팔라"라는 말이 나왔다. 이는 매우 그럴 듯하다. 극한점에서 한 걸음 물러났기에 마음에 와닿는다. 그런데 어느 시점이 무릎이며, 어느 시점이 어깨인지를

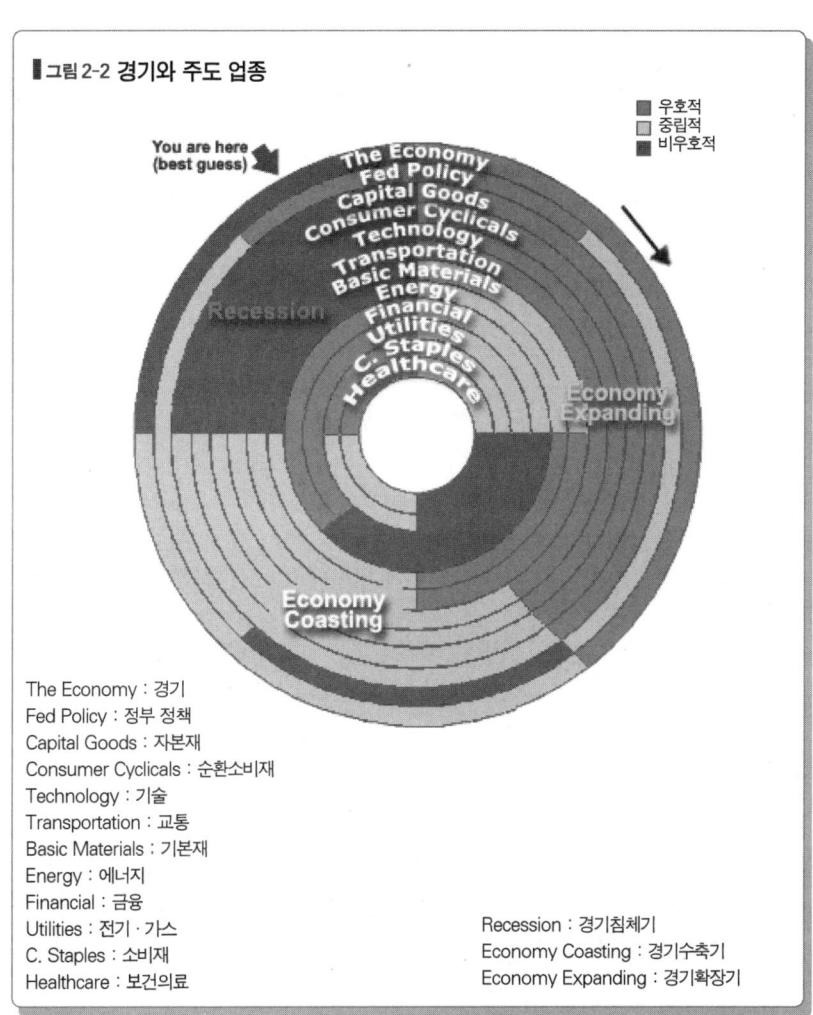

그림 2-2 경기와 주도 업종

The Economy : 경기
Fed Policy : 정부 정책
Capital Goods : 자본재
Consumer Cyclicals : 순환소비재
Technology : 기술
Transportation : 교통
Basic Materials : 기본재
Energy : 에너지
Financial : 금융
Utilities : 전기·가스
C. Staples : 소비재
Healthcare : 보건의료

Recession : 경기침체기
Economy Coasting : 경기수축기
Economy Expanding : 경기확장기

알 수 있는가? 이것 또한 불가능하다.

일반적으로 어떤 종목에 투자해서 얻을 수 있는 수익의 50%는 증시의 전반적인 방향에서 나오는 것으로 분석되고 있다. 30%는 그 종목이 속한 업종과 관련이 있으며, 나머지 20%는 개별종목에 의거한 것이라는 실증분석이 있다.

투자수익의 50%가 증시의 방향에서 나온다는 얘기는 매우 중요하다. 추세 파악을 하라는 얘기다. 상승추세가 투자수익의 50%를 결정한다는 얘기가 된다. 상승추세이며 종목과 업종 선택을 잘 했다면, 그 투자수익은 극대화된다. 다시 말해 대박도 터질 수 있다. 상승추세가 아닌 경우에는 어떨까? 횡보추세에서 종목과 업종을 잘 고르면, 상승추세에서의 수익에 비해 절반 정도의 수익을 올릴 수 있다. 하락추세에서는 잘 해봐야 투자원금을 보전할 뿐이다. 물론 하락추세에서 종목이나 업종을 잘못 선정하면 손실폭이 확대된다는 사실은 말할 필요도 없을 것이다.

이러한 얘기는 주식투자를 하려면 무엇보다도 추세를 파악해야 한다는 결론을 내리게 한다. 추세를 추적해가며 투자 여부를 결정해야 좋은 결과를 얻을 수 있다고 할 수 있다. 하락추세에서는 아예 주식시장에 발을 들여놓지 않는 게 남는 장사다.

주식시장의 추세는 경기흐름과 연관시켜 판단할 수 있다. 대개 주식시장은 경기 회복시점보다 빨리 오르며, 경기 정점에 앞서 하락세로 기우는 경향이 있다. 이 같은 특성을 흔히 주가의 경기 선행성이라고 한다. 3~8개월 정도 주식시장이 경기보다 앞서 움직이는 것으로 관측된다.

경기흐름과 부상하는 업종과의 관계는 〈그림 2-2〉와 같다.

주식은 사는 것보다 파는 게 어렵다

주식투자는 종목 선정과 더불어 사고 파는 매매시점이 중요하다. 매매 중 어느 게 중요한지 굳이 따진다면, 매수보다는 매도가 어렵다. 일단 매수는 오를 것이라는 기대감이 투자자를 지배할 때 이루어진다. 반면에 매도는 일단 실행되면 이익과 손실이라는 결과가 뒤따른다. 투자결과가 결정되는 만큼 매도가 매수보다 중요하다고 할 수 있다.

주식을 매수한 후 주가가 떨어졌다고 하자. 팔지 않았다면 평가손만 발생한다. 수익은 현실화되지 않는다. 매도를 해야만 실제로 손해가 발생한다. 주식을 매수한 후 주가가 올라도, 팔지 않는 한 수익은 계산상 존재할 뿐이다. 반드시 팔아야만 이익을 보든 손해를 보든, 일정한 결과가 나타난다.

주가는 변화한다. 주가가 힘없이 밀리는 약세장이라고 해도 줄곧 밀리지는 않는다. 오르기(약세장 랠리)도 하면서 하락추세를 이어간다. 따라서 약세장이라도 매매시점을 잘 잡으면 손해를 줄일 수 있고, 이익을 챙길 수도 있다.

두번째 메모 | 주식시장의 흐름 다시 보기

그런데 어느 나라에서나 마찬가지로 주식을 매도하라는 애널리스트는 거의 없다. 미국 월 스트리트의 애널리스트 중에서 매도의견을 내놓는 사람은 1%에도 미치지 않는다. 이들은 주가가 급락하더라도 매도를 쉽게 권하지 않는다. 애널리스트들은 주가 상승으로 먹고사는 증권회사 등에 근무하고 있기 때문에 낙관적일 수밖에 없다. 심지어 자신들이 갖고 있는 주식은 처분하면서도 투자자들에게 '팔라'고 조언하지 않는다. 최근 들어 이같은 행위에 대해 법적 책임을 묻고 있다.

일반투자자들은 주가가 크게 떨어졌는데도 매도하지 않았을 경우, 자신의 실수를 인정하지 않는 경향이 있다. 반면에 주가가 이미 크게 오른 상태에서는 추가 상승을 기대하는 탐욕을 보인다. 감정이 이성을 지배하고 있는 셈이다.

이는 전문투자가들도 마찬가지다. 시티그룹(Citigroup)의 클라크 윈터(Clark Winter) 투자전략가는 "투자자들의 감정이란 '불안(Fear)'에서 '안정(safety)'을 거쳐 '기회(opportunity)'에 이른 후 '탐욕(greed)'에 젖는다"라고 설명했다.

주가가 폭락하면 안전도피처로 보이는 가치주를 추구한다. 투자전망이 밝아지면 수익률이 높은 성장주에서 기회를 찾는다. 높은 수익을 좇다가 결국은 탐욕이 생기게 된다. 쉽지는 않겠지만 이러한 감정을 잘 조절할 수 있다면, 주식투자에서 손해를 보지는 않을 것이다.

최상의 투자전략은 기본적으로 투자목표, 위험 감내 정도, 투자기간 등에 따라 달라진다. 〈월 스트리트 저널〉은 투자자들에게 좀더 정교한 매도전략을 위한 여섯 가지 세부전략을 설정하라고 충고한다.

◎ 첫째, 큰 그림을 생각하라

주식을 매수한 이유를 생각한다. 그 이유가 소멸되면 당연히 팔아야 한다. 성장성 때문에 매수했다면 성장성이 지속되는지 살펴보아야 한다. 시장지배력이 매수의 주요 요인이었다면, 당연히 경쟁업체들의 시장지배 여부를 확인해야 할 것이다. 배당을 노렸다면 그 기업의 수익변화를 추적해야 한다. 실적이 악화되면 배당은 줄거나, 아예 없을 수도 있다.

◎ 둘째, 본전을 따지지 마라

본전에 지나치게 집착하지 말아야 한다. 당장의 손해 때문에 팔지 않으면 더 큰 손해를 입을 수 있다. 과거 주가는 무시하라. 현 시점에서 보더라도 주식을 매수해야 할 이유가 있다면 계속 보유하라. 그렇지 않으면 당연히 팔아야 한다. 성공적인 투자자는 손해를 입은 종목에서 손실을 만회하려고 하지 않는다. 여러 종목에 투자하는 경우, 손해를 입은 종목은 과감히 처분하고 남은 종목에서 승부를 낸다.

◎ 셋째, 손절매를 이용하라

손절매는 사전에 정한 가격 이하로 주가가 하락하면 자동으로 처분해, 손실 확대를 일단 방지하는 데 있다. 실행에 옮기기는 어렵지만 손해를 현실화하는 것이다. 주가가 폭락하는 상황에서는 손절매가 몰리며, 주가 하락세가 가속되는 게 일반적이다.

◎ 넷째, 펀더멘털의 변화를 주시하라

기업실적(매출·이익 등)의 변화에 우선 주목해야 한다. 순이익 증가율이

2분기 연속 마이너스일 경우 매도시점으로 간주하는 게 속편하다(경제 성장률이 2분기 이상 마이너스를 기록할 때를 경기침체로 보기도 한다). 신용등급·경영혼란 따위의 변화 또한 중요한 변수다.

◎ 다섯째, 기술적 분석도 병행하라

펀더멘털은 기본적 분석에 기초를 두고 있다. 이와 함께 추세선 등 기술적 분석도 매도 여부 파악에 도움이 된다. 그러나 기술적 분석에 전적으로 의존해 매매하는 것은 결코 바람직하지 않다.

◎ 여섯째, 다른 사람의 도움도 받아라

어찌할 바를 모를 때는 다른 사람의 견해가 큰 도움이 된다. 비용이 부담된다면 주식을 모르는 친구도 좋다. 하지만 어느 누구도 주가가 앞으로 어떻게 흐를지 알 수는 없다. 따라서 참조하는 데 그쳐야 한다. 매도에 대한 최종 결정은 본인 스스로 내려야 한다는 사실을 잊지 말아야 한다.

유행을 따라 투자하라

옷·머리 스타일·액세서리 등은 유행을 따라 변한다. 주식시장에도 유행이 존재한다. 따라서 최신 유행을 좇으면 수익률을 높일 수 있다. 주식시장의 유행으로는 종목군으로 형성되는 테마를 우선 지적해볼 수 있다.

2001년 9월 미국 국제무역센터의 테러와 이에 따른 보복전은 다양한 테마를 엮어냈다. 주가가 수직 하락하는 가운데 테마주들은 강세를 보였다. 보안관련주·전쟁수혜주(방위산업체 주식) 등이 시장 흐름과는 거슬러 올라갔다. 특히 탄저병 등 생화학 테러는 방독면 제조업체 주식과 제약주 상승에 불을 지폈다.

무슨 일이든 나쁜 쪽이 있으면 반대급부로 좋은 쪽이 있게 마련이다. "너의 불행이 나의 행복"이라는 말이 들어맞기도 한다. 예를 들어 9·11 테러에 직접 관련된 보험회사들의 주가는 곤두박질쳤다. 그러나 우리나라

보험회사를 비롯해 다른 보험회사들의 주가는 상승했다. 대형사고가 발생해 보험료가 올라갈 것이라는 분석이 나왔기 때문이다.

시장은 어떻게 해서든지 테마를 엮어낸다. 물론 대부분 증권업계에서 만들어낸다. 그래야만 투자자들을 시장에 머물게 하며 조금이라도 수수료를 챙길 수 있기 때문이다.

투자대상에만 유행이 있는 것이 아니다. 주식을 다루는 투자전략에도 유행이 있다. 따라서 투자자들은 현재 어떤 전략이 유행하고 있는지를 파악하고, 그것을 이용하면 좀더 높은 수익을 거둘 수 있다.

◎ 바이 앤드 홀드(buy and hold)

주식을 매수해서 보유하는 전략이다. 성장 가능성이 높은 기업의 주식을 사들여 장기간 보유한다. 미국에서는 1980년 후반에 뮤추얼펀드를 중심으로 크게 유행했다. 기업의 성장이 영원히 지속되면 더할 나위 없이 성공한다.

◎ 인덱스 기법

투자수익률이 목표(인덱스)지수 변동률을 좇아갈 수 있도록 하는 전략이다. 목표지수에 맞도록 종목을 선정하고 비중을 결정한다. 종합주가지수를 인덱스하는 경우, 시가총액 상위종목 위주로 분산투자를 하는 게 좋은 예가 된다. 전문가들조차 항상 시장수익률보다 높은 성과를 올릴 수 없다는 전제를 두고 고안된 전략이다. 약세장보다는 강세장에서 적절한 방법이다. 그러나 시장수익률을 웃돌 수 있다고 보는 좀더 적극적인(위험한) 투자가 늘어나고 있다.

◎ **모멘텀(momentum) 투자**

주가가 오르는 주식을 매수한 후 상승세가 멈출 때까지 보유하는 전략이다. 주가가 약세로 기울면 매도를 한다. 모멘텀은 현 주가에서 일정 기간 이전의 주가를 차감한 가격차이를 말한다. 언제 매수하고, 언제 매도하느냐 하는 시점 파악이 성공의 열쇠다. 약세장에서는 잘 먹혀들지 않는다. 버블기에 효과적인 전략이다. 따라서 투자보다는 투기성 짙은 자금이 선호된다.

◎ **성장투자**

매출이나 수익증가율이 높을 것으로 예상되는 기업에 집중 투자하는 전략이다. 매출증가가 수익성장으로 이어진다고 보고, 매출 신장률에 중점을 둔다. 그러나 매출이 줄어들면 위험이 높아진다. 위험을 극대화하는 동시에 수익도 최대화하려는 전략이다.

◎ **가치투자**

내재가치에 비해 저평가된 종목에 투자하는 전략이다. 예를 들어 주가수익비율(PER)이 평균보다 낮으나 수익은 증가하고 있는 저평가 종목이 집중 공략대상이다. 가치주는 주가가 하락한데다 증시전망마저 불투명할 때 투자자들의 따뜻한 손길을 받는다. 주가는 이미 크게 조정을 받았기에 위험은 적은 편이다.

◎ **마켓 타이밍(market timing) 투자**

주가가 상승하려 할 때 매수하고, 떨어지려 할 때 매도하는 전략. 종목은 구분하지 않는다. 단지 주가등락으로만 투자의 적정 여부를 판정한다. 최적의 매매시점을 판단하기 위해 기술적 분석과 많은 모형이 동원된다. 잘못된 매매시점은 손실을 확대시키기 때문에 투자위험이 큰 편이다. 모멘텀 투자와의 차이점은 경기침체에다 단기 회복 가능성은 적고, 주가가 중장기적으로 박스권 내에서 머무른다는 것이다.

◎ **배당 투자**

수익증가와 더불어 배당금이 늘어날 것으로 예상되는 종목에 집중 투자하는 전략이다. 보수적인 투자자들이 선호한다. 장기전략이다. 그러나 주가가 급락하고 전망 역시 밝지 않을 때, 내부유보금이 많아 배당수익률이 높아질 수 있는 기업을 대상으로 단기 투자하는 방법도 있다. 주로 결산기 말이 가까워질수록 유행한다.

주식시장은 동물의 천국?

미국 증권거래소는 맨해턴의 월 스트리트에 자리하고 있다. 이곳에는 원래 인디언과 여우의 공격을 막기 위해 쌓아놓은 방벽이 있었는데, 여기에서 '월 스트리트'라는 이름이 유래되었다고 한다. 오늘날의 월 스트리트는 동물을 막기보다는 오히려 그 안에서 동물을 키우고 있다. 주식시장에 웬 동물이냐라는 의아심이 들 것이다.

주식투자자라면 황소와 곰의 의미는 익히 알고 있을 것이다. 활황장세는 흔히 황소장세라고 한다. 영어로 'Bullish Market'이라고 한다. 반대로 약세장은 곰장세라며 'Bearish Market'이라고 부른다.

이러한 비유는 황소와 곰이 싸우는 모습에서 비롯됐다. 황소는 싸움을 할 때 머리를 쓴다. 머리를 밑에서 위로 치받으며 공격을 한다. 강한 주가 상승을 연상시킨다. 반면에 곰은 앞발을 이용해 싸움을 한다. 앞발을 위에서 아래로 내려친다. 주가 급락을 표현한다. 어지간하면 주가는 오른다고

두번째 메모 | 주식시장의 흐름 다시 보기

줄기차게 외치는 사람을 황소라고 하기도 한다. 반면에 툭하면 주가 하락을 점치는 약세론자는 곰이라고 부르기도 한다.

황소와 곰 이외에 주식시장에는 다양한 동물이 있다. 물론 투자행태를 동물에 비유한 것이다. 우리나라에서는 별로 사용하지 않지만, 200년의 역사를 지닌 미국에서는 은어로 많이 사용된다.

주식시장에도 양육강식의 법칙이 그대로 적용된다. 따라서 잘 속으면서 늘 희생자가 되는 투자자들을 어린 양(lamb)이라고 한다. "내재가치가 주가를 결정한다"라는 등 나름대로의 투자원칙을 고수하는 투자자는 노새(mule)에 비유된다. 노새를 본받는다면 싸게 살 수 있는 유망종목(fish in a barrel)을 건질 수 있을 것이다.

소는 주가상승을 예측하는 강세론자를 가리킨다.

곰은 주가하락을 예측하는 약세론자를 가리킨다.

닭은 일반적으로 겁이 많은 투자자를 일컫는다. 양 같은 닭(lamb-chicken)도 있다. 상승하고 있는 주식이 좀더 오르기를 기다리다가, 시기가 무르익었다고 보고 매수에 나선다. 그러나 늘 상투를 잡는 투자자를 말한다.

욕심 많은 **돼지**는 상승추세를 타고 있는 종목을 적절하게 잘 잡았으나, 더 먹으려는 욕심 때문에 제때 처분하지 못하는 투자자를 일컫는다.

독수리는 폭락한 주식을 매수해 비싸게 파는 투자자들로, 위험을 즐기는 사람들이다. 최근 기술주의 거품 붕괴와 관련해서는 **상어떼**도 등장한다. 무늬만 벤처인 사기꾼을 이렇게 부른다.

개는 낙폭과대 우량주를 물고 계속 늘어지는 투자자를 말한다.

버블 장세의 일반적인 특징

버블 장세란 흔히 주가가 내재가치보다 훨씬 높게 형성될 때를 말한다. 주로 투자자들의 광란이 주가 거품을 만든다. 탐욕이 시장을 지배하면서, 현재 가격보다 높은 가격으로 매수할 수 있는 사람이 당연히 존재한다는 인식이 확산될 때 주가 거품이 발생한다.

현재 주가가 거품이냐 아니냐를 따지는 것은 어렵다. 주가는 수요와 공급이 일치하면서 형성된다. 따라서 이성적이든 비이성적이든 간에, 수요가 공급보다 우세하면 가격은 상승하게 마련이다. 따라서 거품 여부를 판단하기가 쉽지 않다. 주가가 떨어져 적정수준에 이르거나 저평가될 때, 비로소 거품이었다는 사실을 깨달을 수 있다.

1990년대 말 닷컴주(기술주)들은 매출도 없고 수익도 없었다. 그런데도 투자자들은 '성장'이라는 단어 하나에 끌려 매수를 거듭했다. 이 때의 폭등장세가 최근의 대표적인 거품장세였다. 당시 닷컴기업들의 주가는 폭등

했다. 무슨 기업인지조차 알 필요가 없었다. "왜 오르냐?"라는 투자자들의 질문에 전문가들의 대답은 한결같았다. "닷컴기업이니까요."

이 같은 버블 장세의 핵심 개념은 아주 단순하다. 주가가 기업의 진정한 가치를 대변한다고 믿는 투자자들이 시장으로 몰려든다는 것이다. 투자자들은 매일 주가를 접한다. 그러나 사실 이러한 주가는 의미가 없다.

기업의 진정한 가치는 주가가 아니라 시가총액이다. 주가에 총발행주식 수를 곱하면 시가총액이 나온다. 그러나 투자자들이 보는 것은 주가다. 시가총액이 아니다. 고가가 형성되면 마치 그것이 적정한 기업가치라고 간주한다. 심한 경우 액면분할로 주가가 낮아져도 투자자들은 분할 이전의 고가가 적정 주가라고 생각한다.

> 주가 × 총 발행주식 수 = 시가총액
> 시가총액 ÷ 발행주식 수 = 목표주가

버블 국면에서 나타나는 또 다른 특성은 전문가들이 내놓은 목표주가의 진정한 의미를 투자자들이 파악하지 못하는 데 있다. 목표주가는 미래에 예상되는 주가를 말한다. 어떤 시점의 수익과 매출 등을 예상한 나름대로의 이성적인 가치를 평가한 게 바로 기업의 총가치(시가총액)다. 이를 발행주식 수로 나누면 목표주가가 나온다. 그러나 주가 상승으로 이성을 잃어버린 투자자들은 목표가치를 실질가치로 받아들인다. 따라서 현재의 주가가 목표주가보다 낮으면 저가로 보고 매수를 한다.

버블기의 왕성한 모멘텀 투자는 결국 무너진다. 기술적 분석에 의한 모멘텀 투자는 종종 척척 맞아떨어지는 듯하다. 그러나 결국 매우 어려운 환경을 만들어낸다는 점이 모멘텀 투자의 문제다. 모든 사람이 모멘텀 투자로 돈을 번다면 누가 매도를 하겠는가?

　버블 장세에서 가장 큰 실수는 투자자들이 기업이 아닌 주식을 매수한다는 사실이다. 주식은 기업의 일부분이다. 주식을 매수할 때는 항상 투자와 매매의 차이를 구분해야 한다. 투자란 기업의 소유를 의미한다. 반면에 매매는 투자자들의 가치인식 변화로부터 수익을 올리는 데 목적을 두고 있다. 투자는 인내와 이해를 요구한다. 반면에 매매는 빠른 결정을 기준으로 이뤄진다.

　주가는 늘 기업의 진정한 가치를 반영한다. 가치에 대한 다양한 인식이 균형에 도달할 때다. 중요한 점은 투자와 매매의 차이를 인식하지 못하면, 매우 큰 손해를 보게 된다.

수익률 하락기의 투자자세

주식시장이 연일 약세를 지속해도 주가는 계속 흐른다. 투자자들이 대부분 떠나도 남아 있는 사람들이 존재하기 때문이다. 하긴 손해 때문에 주식을 팔지 못해 억지로 갖고 있는 사람도 꽤 많은 편이다. 주가수익률이 낮은 시기에 주식시장을 지키고 있는 사람들은 과연 어떤 자세를 취해야 할 것인가?

〈월 스트리트 저널〉은 투자 수익률이 저조할 때 대비할 수 있는 전략을 다음과 같이 소개했다.

◎ 기대치를 낮춰라

주식시장 수익률이 저조하면 무엇보다도 기대치를 낮춰야 한다. 대박에 대한 꿈을 버리라는 얘기다. 기대치가 높으면 그만큼 실망도 커진다. 자칫 잘못하면 장기 투자보다는 주식을 파는 데 급급해 전전긍긍

할 수밖에 없는 위험에 처하기도 한다.

◎ 위험을 줄여라

일반적으로 수익률이 저조하다는 얘기는 대형주들의 약세를 의미한다. 아울러 수익률이 낮은 시기에는 수익보다는 위험관리가 우선이다. 이를 위해서는 분산투자가 유리하다. 한두 종목에 집중 투자하기보다는 가능한 한 투자종목 수를 넓히는 게 낫다. 대형주뿐만 아니라 중형주·소형주에도 관심을 가져야 한다. 그리고 외국 주식에도 눈을 돌려볼 만하다. 분산투자가 어려울 경우, 직접투자보다는 간접투자가 그나마 좋다고 한다. 이 경우 뮤추얼펀드 등에 관심을 가질 만하다.

◎ 비용을 고려하라

매년 물가상승률이 3%, 수수료 등 투자비용이 2%라고 가정하자. 연간 주식투자수익률이 8%라면 실질 수익률은 3%에 불과하다. 게다가 국세청 또한 가만히 있지 않는다. 따라서 세금을 감안할 때 투자자는 2% 남짓 손에 쥐게 된다. 개인투자자들은 물가상승률을 통제할 수 없다. 그러나 투자비용과 세금은 투자 방식에 따라 조절할 수 있다.

◎ 높은 이자를 내는 빚을 줄여라

높은 이자를 내는 부채가 있다면 우선 갚아라. 주식수익률이 낮을 경우, 높은 이자를 부담하며 돈을 빌려 투자를 하는 것은 어리석은 짓이다. 주식시장 수익률이 낮은 경우, 금리도 낮아지는 게 일반적이다. 따라서 일단 저금리 대출을 새로 받아 고금리 빚을 갚는 게 좋다.

◎ 투자금을 높여라

빈약한 투자수익률을 보상받기 위한 가장 확실한 전략은 월간 투자금을 늘리는 것이다. 퇴직 이후의 생활자금 4억 원을 위해 앞으로 20년 동안 주식투자를 한다고 가정해보자. 투자수익률이 연평균 11%라면 매월 46만 3,000원을 투자해야 한다. 수익률이 8%라면 그보다 47%나 많은 68만 원을 투자해야 한다.

◎ 목표달성 시점을 연기하라

만약 매달 68만 원을 투자할 여력이 없다면, 퇴직 시기를 3년 뒤로 연기하면 된다. 다시 말해 8%의 수익률을 기준으로 23년을 투자해 4억 원을 모으려면, 매달 50만 8,000원 상당의 주식을 사면 된다.

◎ 소비를 줄여라

퇴직 시기를 연장하고 매월 더 많은 저금을 하는 것과 마찬가지로, 이미 퇴직한 사람들 역시 전략을 재고해야 한다. 만약 이들이 신중하게 행동하지 않는다면 소비와 증시 침체로 그 동안 모아둔 돈을 모두 날릴 수 있다. 이 경우 소비를 줄이는 방법 외에 달리 할 일이 없을 것이다.

사이버 트레이딩

사이버 트레이딩(cyber trading)은 현재 두 가지 형태로 이뤄지고 있다. 첫번째 형태는 기존 증권사가 사이버 트레이딩 서비스를 제공하는 경우다. 흔히 풀 서비스 업체의 사이버 서비스다. 그러나 사이버 증권거래가 확대되면서 온라인 증권거래만을 전문으로 하는 회사도 등장했다. 이것이 두번째 형태다. 원래 온라인 증권사는 주식 매매주문을 증권거래소로 보낼 뿐만 아니라, 자체적으로도 매매를 처리하는 업체를 말한다. 장내 및 장외거래를 통합한 업체로 보면 된다. 우리나라에서는 증권시장(증권거래소, 코스닥시장)에 보내는 것만 허용된다.

온라인 업체의 등장으로 투자자는 증권거래소가 문을 닫아도 주식매매를 할 수 있게 되었다. 다시 말해 24시간 주식거래가 가능해진 것이다. 기존의 장외거래가 온라인을 통해 이뤄지는 것이다. 〈월 스트리트 저널〉에서 발췌한 풀 서비스 업체와 온라인 업체의 차이는 다음과 같다.

온라인 증권사와 풀 서비스 증권사

인터넷이 주식거래의 보편적인 수단으로 자리잡아가고 있다. 특히 우리나라의 경우 매우 빠른 속도로 확산되고 있다. 미국의 경우 주식시장이 문을 닫은 후에도 온라인 주식거래가 계속 이어지고 있다. 한 마디로 24시간 매매가 가능하다.

미국 개인투자자들의 주식거래 중 3분의 1이 온라인을 통해 이뤄지고 있다고 한다. 개인투자자 계좌 중 15%가 인터넷 계정이라는 통계도 있다. 앞으로 3~5년 후에는 모든 투자자가 인터넷을 통해 주식매매를 할 것이라는 전망도 나오고 있다.

인터넷 거래가 각광을 받는 주된 이유는 무엇보다도 주식시장이 활황세를 구가하고 있기 때문이다. 여기에 수수료가 저렴하다는 장점도 있다.

그러나 온라인 거래가 장점만 갖고 있는 것은 아니다. 우선 시스템 장애가 큰 문제로 부상하고 있다. 좀더 안전한 시스템을 구축하기 위해서는 막대한 투자가 요구된다. 이는 저렴했던 수수료가 인상될 가능성이 높아진다는 의미다. 특히 주식시장이 약세로 기울어 매매가 한산해지면 온라인 증권사의 비용부담이 커진다. 한때 미국 시장에서 온라인 증권사들의 주가가 급등세를 보이다가 급락세로 돌변한 것도 이 때문이었다.

어쨌든 온라인 증권사의 등장으로 투자자는 자금관리의 새로운 접근방법을 접하게 되었다. 기존의 풀 서비스 중개방식과는 어떠한 차이가 있는지 살펴보자.

온라인 증권사

❑ **거래비용이 저렴하다**

온라인 증권사는 투자조언을 제공하지 않는다. 따라서 비용이 아주 저렴하다.

- **거래가 자유롭다**

    온라인 거래는 매매시간이 자유롭다.

- **거래가 빨리 이루어진다**

    컴퓨터에서 몇 번만 클릭하면 거래가 성사된다. 증권회사에서 직원을 찾아 매매를 하려면 타이밍을 놓치는 경우가 종종 있다.

- **투자조언이 필요없다**

    기업의 과거 실적이나 예상실적 등은 인터넷으로 제공받을 수 있다. 주가동향 등도 얼마든지 확인해볼 수 있다.

- **브로커와 분석가를 전적으로 신임할 수 없다**

    브로커는 기본적으로 세일즈맨 훈련을 받는다. 가급적 매매를 활성화시키려 유도한다. 반면에 애널리스트는 좀처럼 주식을 팔라고 하지 않는다.

- **인덱스 펀드보다 재미있다**

    투자목적은 단순히 돈을 버는 데 있지 않다. 돈을 굴리는 재미도 있어야 한다. 개인 컴퓨터로 주식을 사고 파는 것이 얼마나 재미있는가! 자금이 인덱스 펀드에 묶인 채 주가지수에 따라 성패가 좌우되는 투자방식보다 훨씬 재미있다.

- **구세대만이 증권회사를 이용한다**

    증권회사는 주식가치에 대해 언급한다. 그런데 이러한 내용은 달리 보면 인터넷상의 잡담(채팅)에 불과하다. 구태여 이에 대해 돈을 지불할 필요가 없다.

- **신속하게 대응할 수 있다**

    약세장이든 강세장이든, 투자의 기본 목적은 이익을 늘리고 손실을 줄이는 것이다. 신속하고 저렴한 방법이 채택될 것이다.

❏ **브로커를 불러낼 필요가 없다**
스스로 매매에 대한 판단을 내린다. 따라서 브로커의 조언이 필요없다.

❏ **부정직한 브로커에 속을 염려가 없다**
대다수 브로커들은 정직하다. 그러나 이들은 수수료 때문에 이익을 줄이는 방식으로 투자하도록 선동하기도 한다.

풀 서비스 증권사

❏ **거래빈도가 낮다**
풀 서비스 증권사를 통한 거래는 상대적으로 비용이 많이 들 수 있다. 따라서 매매빈도가 크게 낮아지기도 한다.

❏ **투자자의 감정을 제거하는 데 도움을 준다**
투자자들은 주가에 따라 감정적인 판단을 하기도 한다. 브로커는 이러한 판단을 줄여준다.

❏ **투자조언을 얻을 수 있다**
투자조언은 풀 서비스 증권사의 최대 판매전략이다. 온라인 시장의 성장은 강세시장과 연관이 깊다. 강세장은 투자자들의 실수가 확대되는 것을 억제한다. 그러나 상황이 반전되면 실수가 확대될 위험이 커진다.

❏ **더 나은 조건으로 매매를 성사시킨다**
브로커는 투자자들이 최상의 가격을 얻을 수 있도록 노력한다. 이는 온라인 브로커가 오히려 양심적이라는 사실을 시사한다.

❏ **인덱스 펀드보다 성과가 낮다**
투자자들은 대부분 인덱스 펀드를 통해 양호한 성과를 얻을 수 있다. 그러나 튀는 주식을 찾기는 어렵다. 자신만을 위해 주식을 찾아주는 브로커가 있다는 사실이 투자자들에게 큰 위안이 된다.

❏ **중요한 자금은 결국 풀 서비스 업체로 찾아온다**

심각하지 않은 자금은 온라인으로 이뤄진다. 반면에 중요한 투자는 전문가의 도움을 찾아온다.

❏ **정보선별 능력을 제공한다**

온라인상에도 정보가 충분하다. 그러나 정보는 획득하는 것보다 어떻게 해석하느냐가 중요하다. 풀 서비스 업체는 수많은 정보 가운데 소음과 양질의 정보를 구분해준다.

❏ **약세장에서 도움이 된다**

주가가 떨어지면 투자자들은 불안해진다. 누군가의 도움을 필요로 한다. 그 경우 투자자들은 풀 서비스 업체를 찾아온다.

❏ **고객 호출에 대응해주는 브로커가 있다**

고객이 원하면 얼마든지 브로커를 호출할 수 있다. 브로커의 업무가 바로 응답하는 것이다.

❏ **컴퓨터에 문제가 생겨도 걱정이 없다**

컴퓨터에는 장애가 일어날 수 있다. 전화 업체는 분명 가장 존경받는 기업이 아니다. 그러나 컴퓨터 장애가 일어나면 전화 업체를 긍정적으로 바라보게 된다. 컴퓨터로 주문을 내는 대신 전화를 이용하게 되기 때문이다.

주가 하락기에 조심해야 할 투자전략

 주가가 오르는 상승기에는 별다른 전략이 필요없다고 할 수 있다. 아무 종목이나 사두면 상승 분위기에 휩싸여 오르기 때문이다. 얼마나 수익을 내는지, 정도의 차이가 있을 뿐이다.

문제는 "주가 하락기에 어떠한 전략을 구사하면 좋은가?"다. "주가가 떨어지면 그냥 팔면 되는데, 무슨 전략?" 하는 이들도 있을 수 있다. 일반적으로 주가 하락기에는 콜옵션의 매도, 공매도, 그리고 관망 자세 등이 유리한 전략이다. 하락 초기에는 이러한 전략이 주효할 수 있다. 그러나 주가가 어느 정도 떨어진 후에는 커다란 위험을 유발할 수 있어 세심한 주의가 필요하다.

◎ 콜옵션 매도

주가의 추가 하락이 예상되는 시점에 콜옵션을 매도하는 경우가 많다. 콜옵션 매도는 미래의 특정 시점에 특정 지수나 주식을 특정 가격(행사가격)에 팔 수 있는 권리를 말한다. 주가가 행사가격 아래로 떨어지면 그 차액만큼 이익을 보게 된다. 그러나 주가가 행사가격 이상으로 오르면 차액만큼 손해를 보게 된다. 물론 콜옵션 매도자는 주가가 큰 폭으로 떨어질 것으로 기대하나, 매수자는 그렇게 생각하지 않는다. 여기에서 중요한 점은 주가가 큰 폭으로 상승하면서 입게 되는 손실 규모가, 주가가 떨어져 얻는 차익보다 크다는 데 있다. 세심한 주의가 필요하다.

◎ 관망

주가가 하락하면 일단 매도를 통해 현금을 챙기고, 주가가 호전될 때를 기다리는 방법도 효과적이다. 그러나 마냥 기다리는 것은 좀더 큰 이익을 챙길 수 있는 기회를 놓칠 수 있다. 또 일단 매수한 주식을 주가가 오를 때까지 계속 가지고 있는 것 역시 관망의 범위에 들어간다. '바이 앤드 홀드' 전략이다. 그러나 매도 시점을 놓쳐 손실이 확대될 위험이 있다. "기다리는 반등은 오지 않는다"라는 시장 격언을 염두에 두자.

◎ 공매

일반투자자들이 공매전략을 구사하기는 어렵다. 그러나 주식을 빌려 매도하는 경우를 생각해볼 수 있다. 대주제도를 이용하면 된다. 주가 하락을 전망할 때 보유하고 있지 않은 주식을 빌려 매도한다. 그리고 주가가 떨어진 후 매수해 이를 갚는 게 대주제도다.
실제로 주가가 추가 하락하면 성공한다. 그러나 반대로 주가가 상승하면 손실액이 무한대로 커지는 아주 위험한 전략이다. 역시 시간이 가면 해결된다는 생각이 화를 자초한다.

 약세장 마감을 알리는 네 가지 증시 격언

약세장은 언제 끝이 날까? 줄기찬 주가하락이 멈추는 때를 알면 주식투자에 큰 도움이 된다. '돈을 벌 수 있다'라고 하지 않고 도움이 된다고 표현한 이유는, 약세장이 끝나도 바로 오르지 않고 횡보할 수 있기 때문이다. 물론 장세가 바로 반전되면 큰돈을 벌 수 있는 기회가 된다. 약세장 마감을 시사하는 전통적인 시장 격언을 살펴보자.

 강세장에서 거둔 수익의 50%를 까먹어야 약세장이 끝난다

대충 그렇다는 얘기다. 이 때 바닥을 잡으려면 강세장이 언제 시작되고 끝나는지를 알아야 한다. 그리고 어떤 지수를 이용하는지에 따라 다르게 나타난다. 종합주가지수, 코스닥 지수, 그리고 업종지수 등을 따져볼 만하다.

격언2 투자자들이 항복을 해야 약세장은 끝난다

"거래량 바닥은 주가 바닥에 앞서 나타난다"라는 말과 같은 의미다. 투자자들이 항복한다는 뜻은 투자자들의 매수활동이 급격히 줄어든다는 뜻이다. 따라서 거래량으로 측정해볼 수 있다. 거래량 바닥은 매도자들이 당할 만큼 당한 뒤에 이뤄진다. 따라서 매물이 줄어들면(대부분 포기하고 할 수 없이 보유하려 할 때), 주가는 반등의 기회를 갖는다.

그러나 거래량이 바닥인 시점을 판단하기란 쉽지 않다. 이는 절대적이라기보다는 상대적인 개념이다. 장기 거래량 급감이 최상의 자료가 될 수 있다. 예를 들어 200일 평균거래량 대비 1일 거래량 비중이 낮을 때를 바닥으로 간주할 수 있다.

 격언3 경기침체가 완전히 도래했을 때 매수하라

주식시장은 현재 상황을 반영하기보다는 항상 앞날을 내다보고 움직인다. 맞든 틀리든, 상관없다. 주가하락은 앞으로 경제가 위축된다는 의미다. 따라서 경기가 침체되면 주가에 이미 반영된 것이다. 모든 사람이 "경기가 침체됐다"라고 말하면 바로 주식 매수시기가 된다. 경기침체는 결국 끝나기 때문이다.

 격언4 과거 아홉 번의 경기침체를 경험했으나, 실제 경기침체는 다섯 번뿐이었다

경기침체라고 하나 실제로는 진입하지 않을 것이라는 의미다. 경기침체를 몇 번 겪었다는 게 중요한 게 아니다. 경기침체라고 하지만 실제로는 아닌 경우가 흔하기 때문이다.

경기침체에 대한 명확한 정의는 없다. 일반적으로 2분기 연속 마이너스 성장을 해야 경기가 침체됐다고 한다. 이 기준에 따르면 경기가 6개월 동안 마이너스 성장을 해야만 주가는 바닥을 찍게 된다. 경제성장률이 잠재성장률(우리나라의 경우 5%)보다 2% 이상 낮으면 경기침체로 보기도 한다. 어쨌든 경기침체에 관한 애기가 많이 나올수록 주가 바닥이 현실로 다가오고 있다고 이해하면 된다.

월 스트리트에는 다음과 같은 말이 있다.

"강세장은 비관 속에서 싹을 틔운다. 회의 속에서 성장하며 행복감 속에서 성숙된다. 그리고 낙관 속에서 사라진다."

참고로 미국에서는 경기후퇴와 경기침체를 확연히(?) 구분하는 애기가 있다.

"내 친구가 실직하면 경기후퇴다. 내가 실직하면 경기 침체다."

전형적인 투기, 데이 트레이딩

데이 트레이딩은 흔히 초단기매매라고 불린다. 아주 짧은 기간에 사고 파는 행위를 반복하는 것을 말한다. 좁은 의미에서는 한 사람이 하루 동안에, 매수한 종목을 팔거나 매도한 종목을 다시 사는 매매를 말한다. 넓은 의미로는 일반적인 단기매매를 말한다. 여기에서 단기란 1주일 정도를 말한다.

데이 트레이딩을 하는 사람을 데이 트레이더라고 한다. 데이 트레이더는 스캘퍼(scalper), 데이 트레이더(day trader), 스윙거(swinger)로 구분된다.

스캘퍼는 아주 짧은 시간 동안 시세변동을 이용해 이익을 실현하고자 하는 초단기 거래자를 말한다. 예상한 대로 주가가 움직이지 않으면 몇 분 이내에 정리하고 새로운 스캘핑에 들어간다. 즉 다시 매매를 시작한다. 이들의 매매는 단기에 이뤄지고, 거래 역시 많아 시장 유동성을 높여준다. 보통 분 단위의 차트를 매매에 활용하고 있다.

두번째 메모 | 주식시장의 흐름 다시 보기

데이 트레이더는 하루 중 몇 차례 주식을 사고 파는 사람을 말한다. 주가 변동성을 이용하는 점에서는 스캘퍼와 마찬가지다. 단지 스캘퍼보다 좀더 긴 시간 동안의 주가 변화를 찾아 수익을 챙기려 한다. 분 단위보다는 조금 긴 시간 동안의 변화를 매매시점 파악에 이용한다.

스윙거는 1주일 정도에 걸친 주가 변화에서 수익을 챙기려는 사람을 말한다. 단기 추세를 추적해가며 매매를 한다. 시간 단위나 하루 단위로 시세를 추적해가며 매매시점을 파악한다.

데이 트레이딩은 온라인 매매방식의 도입에 따라 활성화됐다. 시세 변동의 실시간(real time) 전달 및 저렴한 수수료가 밑바탕이 된 것이다. 또 고가주보다는 저가주를 대상으로 하고 있다는 점이 특징이다. 저가주의 주가 변동폭이 크기 때문이다. 5만 원대인 주식과 3,000원대인 주식의 유동성을 보면 저가주가 높다. 자금력이 약한 개인투자자들이 저가주를 고가주보다 선호하기 때문이다.

또한 발행주식 수가 많은 종목을 대상으로 한다. 한 마디로 데이 트레이딩의 대상은 저가대형주라는 얘기다. 가격 변동폭을 노리기 때문에 기본적 분석은 아예 안중에도 없다. 싼 주식에 주가 변화가 크면 데이 트레이더들의 먹이가 된다.

일부에서는 데이 트레이딩이 주가 변동성을 높인다고 주장하고 있다. 그러나 실증분석 결과, 데이 트레이더들은 오히려 주가 변동을 이용해 매매를 하고 있는 것으로 나타났다.

주식시장에는 유령이 있다

데이 트레이딩이 자리를 잡으면서 유령주문(phantom quotes)을 등장시켜 주가를 조작하는 사례가 급증하고 있다. 흔히 '허수성 주문'이라고도 한다. 대량의 매수나 매도 주문이 나와 주가가 흔들리면 바로 사라지기 때문에 '유령주문'이라고 한다. 허수성 주문을 통한 주가조작은 사기에 해당된다.

허수성 매수주문은 주가상승을 겨냥한다. 그러나 실제 매수 의사는 없다. 자주 매수주문을 대량으로 내놓음으로써 뇌동매수를 유발하려는 의도다. 주가가 오르면 주식을 매도한다. 반면에 욕심나는 주식이 있으면 대량의 가짜 매도주문을 내고 가격이 하락하기를 기다렸다가 매수하는, 허수성 매도주문도 있다.

허수성 호가는 매매체결 가능성이 희박한 호가를 대량으로 내거나, 직전 가격과 유사한 가격으로 대량 호가를 한 후, 이를 빈번하게 정정하거나 취소하는 행위를 말한다. 허수성 호가로 불어난 총 잔량이 증가하게 되면 일반투자자들이 매매에 나서게 되고, 이에 따라 주가는 크게 변동한다. 그러나 주가 변화를 틈타 허수성 호가를 낸 세력들이 매매를 하고는 이내 사라진다. 결국 일반투자자들만이 피해를 본다. 시세를 조정했기 때문에 불공정 매매에 해당된다.

일반적으로 허수성 호가는 동시호가 시간에 많이 나오는 것으로 알려져 있다. 그러나 접속매매 때 훨씬 더 많다. 저가로 주문을 계속 깔아놓기보다는 30분 이내에 취소하는 경우가 흔하다. 일부 거액 개인투자자들과 애널리스트들이 허수성 호가의 주도세력으로 알려져 있다. 대체로 액면가를 밑돌며 거래가 활발한 종목에 집중된다. 그 동안 거래세가 없었기 때문이다.

그러나 2001년 중반 이후 가격에 관계없이 모든 주식에 거래세가 부과되면서, 주가수준에 관계없이 유령주문이 확산되는 모습을 보이고 있다. 그래도 여전히 저가주에 몰리고 있다. 호가 수량은 10만 주에서 때로는 1,000만 주에 이르기까지 다양하다. 증권거래소가 밝힌 대표적인 허수성 호가는 크게 일반형 · 공격형 · 동시호가형 · 종가관여형 · 공매도혼합형 · 시세받치기형 등 여섯 가지로 구분된다.

이러한 허수성 호가에 현혹되지 않기 위해서는 우선 단말기로 발표되는 총 호가 수량을 맹신하지 말아야 한다. 특히 매도보다는 매수 총호가 잔량에 허수성 호가가 많다. 기본적으로 허수성 호가 징후는 저가주로 거래가 급증하는 종목에서 찾아볼 수 있다. 가격변동이 크지 않은데 매수호가 잔량이 급속도로 증가하는 종목, 또는 종가결정을 위한 동시호가 시간에 매수호가 잔량이 급증한 종목에도 주의를 해야 한다.

허수성 호가 유형

- **일반형** 하한가 근접가격에 대량의 허수성 호가를 제출해 매수호가를 유인한 후, 보유물량을 매도하고는 이내 매수호가를 취소한다.

- **공격형** 직전가에 근접하는 가격대에서 단계적으로 올려가며 대량의 허수성 호가를 계속 냄으로써 추종 매수세를 유발한다. 매도 목적을 달성하면 매수호가 잔량을 동시에 모두 취소한다.

- **동시호가형** 전장 동시호가에 보유물량을 처분할 때 이용한다. 대량의 하한가 근접 매수호가를 제출해, 고가에 매도되도록 하며 투자자를 유인한다. 전장 동시호가 마감 직전이나 직후에 매수호가를 모두 취소한다.

- **종가관여형** 종가결정 동시호가에 대량의 허수성 매수호가로 유리한 종가를 형성한 후, 시간외 매매 또는 다음날 시초가에 보유물량을 매도한다.

- **공매도혼합형** 대량의 허수성 매수호가를 내 시세상승을 유도, 공매도를 한다. 이내 매수호가 잔량을 취소해 시세하락을 유도하고, 다시 저가에 공매도분을 사들인다.

- **시세받치기형** 하한가 주변에 대량의 허수성 매수호가를 낸 후, 취소하지 않고 지속적으로 시세에 영향을 준다. 자주 발생하지 않고 가끔 일어난다.

인터넷에는 거짓정보와 주가조작이 판친다

인터넷을 통한 거래가 활발해지고 있다. 전체 거래량의 70% 이상이 데이 트레이딩을 통한 매매로 집계될 만큼, 우리나라 투자자들의 온라인 이용도는 매우 높다. 세계에서 인터넷이 가장 활성화돼 있는 만큼 자연스런 현상이다. 그러나 인터넷을 이용한 거짓정보 유통과 주가 조작도 성행하고 있어, 투자자들의 각별한 주의가 요구되고 있다.

온라인 매매 확산은 거래 활성화를 유발함으로써 주가에 고무적인 영향을 주기도 한다. 반면에 범죄에 이용되어 사회문제가 되는 경우도 많다. 감시가 어려운 만큼 온라인 거래를 이용한 불법 내부거래뿐 아니라 주가 조작마저 서슴지 않는다. 특히 수백만 명에 달하는 데이 트레이더들 중 일부는 사기꾼이라고 해도 지나치지 않을 정도로 불공정행위를 일삼는다.

일부 트레이더 중에는 대량의 허수성 주문을 내고 바로 취소하기 위해, 여러 명의 타이피스트까지 고용한 이도 있다고 한다.

증권 사이트를 이용한 시세조정도 적잖은 것으로 드러났다. 인터넷에는 전혀 검증되지 않은 소문들이 난무한다. 최근 한 종목에 대해 무려 700건이 넘는 얘기를 증권 사이트에 실어 12억 원을 취득한 투자자가 금융감독원에 적발되기도 했다. 이 투자자는 허수성 주문을 통해 주식을 거둬들이고, 작전설·외자유치설 등 전혀 근거없는 얘기를 증권 사이트에 올리면서 매수세를 불러들였다. 주가가 상승 추세를 보이자, 매물을 내놓으며 차액을 챙겨나갔다. 그리고 주식을 처분하면서도 주가 상승이 이어질 수 있는 거짓정보를 계속 올렸다. 또 일부에서는 주식동호회를 가장해 외자유치설·액면분할설·신규수주설 등 허위정보를 회원들이 돌아가며 올리기도 한다.

내부자거래와 주가 조작 등을 한 사람에게는 최고 10년형 또는 불법거래로 취득한 금액의 3배에 해당하는 벌금형이 선고된다. 그러나 법원은 대체로 관대한 처분을 내리고 있다. 사법부가 수천억 원의 부당이득을 챙긴 범법자에게 집행유예와 함께 수억 원의 벌금형을 선고한 경우도 있었다.

그런가 하면 증권거래소와 정부는 증시 침체를 이유로 허수성 주문이나 이상매매 적발에 소극적으로 대응하기도 한다. 다시 말해 사법부·증권거래소, 심지어 정부까지 주가 조작을 방치하고 있다고 할 수 있다. 차라리 기업에만 적용될 예정인 집단소송제를, 불공정거래를 저지른 사람에게도 적용하면 어떨까 하는 생각도 든다.

 과연 시스템 트레이딩이 효과적인가?

 2001년부터 우리나라에서도 시스템 트레이딩이 자리잡기 시작했다. 증권사들은 저마다 선진 금융기법이라며 투자자들을 유혹했다. 과연 그러한가?

결론은 '별로'라는 것이 일반적인 시각이다. 어떤 수단을 써도 주가를 예측할 수 없다. 노벨 경제학상을 받은 학자들을 두 손 들게 만든 것이 주식시장이다.

시스템 트레이딩은 컴퓨터가 내는 매매신호에 따라 주식거래를 하는 방법을 말한다. 계량화할 수 있는 무수한 자료를 컴퓨터에 입력, 분석을 통해 투자 판단을 하게 한다. 선물시장과 연계돼 움직이는 프로그램 매매를 한층 더 발전시켜 매매 판단에 도움을 줄 수 있는 투자기법으로 이해하면 된다.

무엇보다도 인간의 감정을 제어한다는 측면에서 이 기법의 장점을 찾을 수 있다. 과도한 수익이나 손실을 배제할 수 있다는 얘기다. 탐욕과 포기라는 감정을 다스릴 수 있기 때문이다. 수익과 위험을 계량화할 수 있으며, 하나의 시장뿐만 아니라 여러 시장에서 매매가 가능하다는 장점도 갖추고 있다. 그러나 시스템 트레이딩을 위한 프로그램은 과거를 기준으로 만들어 졌다. 역사가 늘 똑같이 되풀이되지 않는다는 점에서 오류가 발생할 수 있다. 또 프로그램을 제작한 주체가 사람이기 때문에 오류 발생 가능성도 있으며, 전혀 예상 밖의 사건에 대해서는 속수무책이다.

시스템 트레이딩과 관련해 롱텀 캐피털 매니지먼트(LTCM)라는 회사 얘기를 하지 않을 수 없다. 1998년 파산 위기에 몰리면서 미국 정부는 물론, 미국 연방준비위원회(FRB)까지 나서 36억 달러의 구제금융을 지원했을 정도로 파문을 일으켰던 회사다. LTCM은 샐로먼 브러더스의 부사장으로서, 유명한 펀드 매니저였던 존 메리웨더(John Meriwether)가 1994년 설립한 헤지 펀드다.

이 회사가 유명해진 이유는 노벨 경제학상 수상자인 하버드 대학의 로버트 머튼(Robert Merton) 교수와 스탠퍼드 대학의 마이런 숄스(Myron Scholes) 교수가 참여했기 때문이다. 블랙-숄스 모형으로 알려진 파생상품 가격결정이론을 정립한 이들은, 너무 복잡해 아무도 사용하지 않은 이 모델을 펀드 운용에 적용했다. 물론 컴퓨터를 이용한 시스템 트레이딩 기법이었다.

회사 출범 후 2년 간 연간수익률은 40%를 웃도는 높은 성과를 기록했다. 그러나 4년 후인 1998년 러시아가 모라토리엄(채무 불이행)을 선언하면서 단숨에 몰락했다. 시스템 트레이딩의 커다란 실패를 보여준 대표적인 사례였다. 따라서 이 기법 역시 절대 안전하지 않다는 점을 염두에 두어야 한다. 우리나라에서도 시스템 트레이딩의 성과가 신통치 않다는 분석이 나오기도 했다.

부자가 된 차티스트는 없다

기술적 분석은 과거 주식시장의 모습에서 배운 지식(?)을 토대로 앞으로의 주가 변화를 예측하는 방법이다. 이는 기본적 분석과 더불어 전통적인 증권분석방법의 하나다. 주가·거래량·등락상황 등을 주요 변수로 하여 통계적 기법을 이용한다는 점에서 과학적이라는 주장도 있다. 이들 자료를 도표화해 주가 변화 추세를 파악하고, 이를 근거로 주가 진행방향을 탐색한다.

이 분석에서는 "역사는 되풀이된다"라는 말이 강조된다. 주가는 변한다. 변화하면서 반복되는 속성을 지니고 있다. 따라서 자주 등장하는 속성을 제대로 파악한다면 추세를 알 수 있다는 게 기술적 분석의 존재 이유다.

다시 말해 과거의 주가가 기술적 분석가들을 먹여살린다고 할 수 있다. 어느 종목인지는 따질 필요가 없다. 단지 그림(차트)만 좋으면 투자 성과를 충분히 낼 수 있다는 얘기다. 우량주이건, 저가주이건, 관리대상종목이건,

전혀 상관하지 않는다. 기업의 내재가치는 전적으로 무시된다. 매매시점만을 판단해 수익을 올릴 수 있다는 주장이다. 기업을 사는 게 아니라 주식을 매매한다. 따라서 투자라기보다는 투기를 위한 기법이다. 장단기 분석이 있으나 주로 단기 분석이 주류를 이루고 있다. 따라서 매매가 자주 발생한다. 증권사 입장에서 보면 수수료 수입이 늘어나 좋다.

그런데 과거의 주가나 거래량의 변화가 현재나 미래에 그대로 반복된다는 가정은 현실적이지 않다. 경기상황이나 투자 심리가 매번 다르기 때문이다. 아울러 추세 전환시점과 종점에 대한 판단은 분석가들 마음대로 정해진다. "모두 그럴 듯하나 서로 다르다"라는 데서 혼선이 온다. 투자가치를 무시하고 시장 변동에 집착하기 때문에 주가 변화를 정확히 분석할 수 없다는 한계도 있다.

무엇보다도 기술적 분석의 치명타는 '자기 파괴적'이라고 할 수 있다. 예를 들어 기술적 분석을 통해 주가가 내년 1월에 오를 것이라는 결론이 나왔다고 하자. 그렇다면 구태여 내년까지 기다릴 필요가 없다. 내년 1월에 오를 종목이 오늘 오르면서 새로운 그림이 그려진다. 따라서 앞에 나온 그림(1월에 상승할 것이라는 결론을 내리도록 한 그림)은 무의미해진다.

차티스트 중에는 부자가 없다. 기술적 분석의 한계를 뚜렷이 드러낸 것으로 볼 수 있다. 한 유명한 학자는 "기술적 분석은 과학적이라기보다는 점성술과 비슷하다"라고 했다. 기술적 매매시점에 따른 실적과, 매수 후 그냥 보유하는 전략의 실적을 비교했을 때 '매수 후 보유(바이 앤드 홀드)' 전략이 월등히 앞선 것으로 나타났다.

기술적 분석을 따르면 매매가 빈번해지고, 그와 함께 비용이 수반된다(비용은 수수료와 세금이다. 증권사나 국가의 수입이 된다. 증권사에서 기술적 분석가를 좋아하는 이유가 여기에 있다). 주가가 제자리에 있으면 손해를 보게 된다. 상승하더라도 비용을 충분히 보상하고 남을 만큼 올라야 하기 때문이다. 주가가 하락하면 물론 손해는 가중될 것이다. 즉 기술적 분석은 잘 해봐야 본전이며, 그렇지 않으면 오히려 돈을 잃게 한다고 할 수 있다.

런던 증권가에 이런 얘기가 있다. "젊어서는 증권인, 늙어서는 거지인 사람이 바로 차티스트다."

위탁수수료가 여러 사람을 먹여살린다

주식을 사거나 팔면 증권사에 수수료를 낸다. 부동산을 매매할 때 내는 복비와 같은 일종의 수고비인 셈이다. 이를 위탁수수료라고 한다. 어떤 사람은 증권시장을 도박장에 빗대어 하우스에서 고리를 떼는 것과 같다고 하기도 한다. 이는 아마도 주식시장을 투기장으로 보는 사람일 게다.

위탁수수료는 증권사가 자율적으로 정할 수 있다. 증권사들이 걷는 수수료는 크게 풀 서비스인 오프라인 수수료와 온라인 수수료로 구분된다. 수수료는 체결금액을 기준으로 부과된다. 주식을 사고 팔 때 체결되는 금액에 수수료율을 곱해 산출한다. 따라서 매매를 하면 살 때와 팔 때 모두 수수료를 내야 한다.

2003년 6월 현재 오프라인 수수료율은 0.4% 정도다. 반면에 온라인 수수료는 최저 0.029%에서 증권사별로 다양하다. 매달 일정 액수만 내면 매매를 무제한 허용하는 온라인 증권사들도 있다. 2003년 6월 현재, 증권 업계가 추정하는 평균 수수료는 체결금액의 0.18%다. 1억 원의 매매가 이뤄지면 증권사들이 평균 36만 원(살 때와 팔 때를 합쳐)의 수수료를 챙기게 된다.

현재 수수료율은 점차 낮아지고 있다. 2000년 증권사들의 평균 수수료율은 0.361%였으며 2001년에는 0.243%로 크게 낮아졌다. 약세장으로 접어들면서 거래대금이 줄어든 탓도 있으나, 수수료가 싼 사이버 거래가 크

■표 2-1 관계기관 지급수수료 현황

구 분		매매수수료		협회비	위약손해배상 공동기금(적립)	감독분담금	1억 원당 비용
		정률회비	예탁원 수수료				
거래소		총 약정대금 0.65/10,000	총 약정대금 0.32/10,000	총 약정대금 0.12/10,000	총 약정대금 0.1/10,000	금융감독원 감독분담금 총 부채액 × 감독분담요율 (4.7422/10,000)	10,900원
코스닥		총 약정대금 0.65/10,000	총 약정대금 0.32/10,000	총 약정대금 0.12/10,000	총 약정대금 0.1/10,000		10,900원
제3시장		거래대금 0.8/10,000	총 약정대금 0.32/10,000				11,200원
주가지수	선물	총 약정대금 0.06/10,000		총 약정대금 0.024/10,000	총 약정대금 0.15/100,000		840원
	옵션	총 약정대금 3.6/10,000		수탁수수료 2.4/1,000	총 약정대금 0.1/10,000		37,200원
코스닥50 선물		(거래)총 약정대금 0.2/10,000 (청산)총 약정대금 0.6/10,000		총 약정대금 0.033/10,000 (거래수수료×16.7%)	총 약정대금 0.2/10,000		8,334원
채권·수익증권				총 약정대금 1/10,000			10,000원

게 늘어나고 있기 때문이다. 2000사업년도(2000년 4월~2001년 3월 말)에 증권사들이 챙긴 수수료 수입은 6조 8,000억 원이었다. 1999년에는 무려 10조 원 이상의 수입을 올렸다.

이러한 수수료는 모두 투자자들의 주머니에서 나간 것이다. 기업들의 자금조달이 없다고 해도 거래가 이뤄지는 한, 주식시장에서 자금 이탈이 발생하고 있다는 것을 알 수 있다. 물론 배당금이 들어오기는 하지만, 이보다는 훨씬 적다. 따라서 외부에서 자금이 꾸준히 유입되지 않는 한 시장에서 자금은 이탈되게 마련이다.

위탁수수료가 모두 증권사의 수입으로 계산되지는 않는다. 증권거래소·코스닥시장·제3시장·증권업협회·증권예탁원 등 이를 나누어 갖는 기관이 있기 때문이다. 또 수수료 중 일부는 위약손해배상공동기금으로 적립되기도 한다. 증권거래소와 코스닥시장은 약정대금(매도금액과 매수금액을 합한 수치) 1억 원당 1만 900원씩 수고비로 챙긴다. 증권 관계기관이 떼어가는 수수료는 〈표 2-1〉과 같다.

한편 우리나라의 주식 거래비용(오프라인 수수료 + 세금)은 세계에서 가장 높은 수준인 것으로 나타났다. 일본이 0.12%로, 가장 낮은 것으로 집계됐다.

외상거래

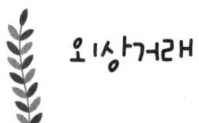
주가가 떨어져도 수익을 올릴 수 있다. 어떻게? 얼른 이해가 가지 않을 게다. 주식을 처분하고, 되사서 갚는 방법이 그것이다. 당연히 앞으로 주가가 떨어질 것이라는 확신이 전제된다. 주가가 높을 때 주식을 꿔서 매도하고, 낮아지면 판 주식을 같은 양만큼 되사서 갚으면 된다. 증권사에서 현금을 빌려 주식을 산 다음, 나중에 매도를 통해 현금을 돌려주는 신용거래와는 상반된다.

주식은 증권사에서 빌릴 수 있다. 증권사에 주식을 빌리는 신용거래를 대주(貸株)거래라고 한다. 증권사에서 갖고 있지 않은 주식을 빌리려면 증권예탁원이나 다른 기관을 이용한다. 물론 증권사를 통해야 한다. 이를 대차(貸借)거래라고 한다.

대차거래는 주로 기관투자가들이 주식을 빌리고 빌려주는 제도다. 주로 연기금이나 은행·보험·투신 등이 대차거래를 한다. 2000년 11월부터 개인투자자들도 대차거래를 이용할 수 있게 됐다. 기관투자가인 증권사가 증권예탁원으로부터 주식을 빌려 다시 일반투자자에게 꿔주게 된다. 물론 주식을 빌릴 때는 소정의 수수료를 부담해야 한다.

현재 대주나 대차거래는 매우 미미한 수준이다. 증권사들이 당장 주가가 떨어지는 것을 우려해, 이를 꺼리고 있기 때문이다. 하락추세는 누구도 막지 못한다. 이런 점에서 증권사들의 근시안적 사고방식을 읽을 수 있다. 여기에 주가가 출렁거릴 경우 되받지 못하게 될 위험도 대차거래 부진의 한 요인이다. 수수료 역시 큰 수입이 아니어서 증권사들은 대주거래에 소극적이다.

대주거래는 주가의 안전판 역할을 하기도 한다. 주식을 빌리기로 한 기간이 지나면, 주가가 어떻든 간에 다시 되사야 하기 때문이다. 당장은 주가를 압박하지만 나중에 매수를 해야 하기 때문에 수요를 창출하게 된다. 결과적으로는 추가 하락을 억제하는 역할을 한다. 대주는 주식을 빌려 매매한다는 점에서 공매도와 차이가 있다. 공매도는 갖고 있지 않은 주식을 파는 것을 말한다. 결제가 이뤄지므로 다시 사야 한다. 따라서 공매도를 한 날 바로 사야 한다. 데이 트레이딩을 해야 한다는 얘기다.

대주거래를 하면 두 가지 위험이 따른다. 우선 주가가 떨어지지 않으면 손해를 볼 수 있다. 더불어 수익과는 관계없이 수수료도 내야 한다. 일반적으로 개인투자자들은 하지 않는 게 낫다. 주가 상승에 따른 손실과 수수료 지불이라는 이중의 위험을 굳이 떠안을 필요가 없기 때문이다.

증권당국에서는 결제가 제대로 이행되지 못할 가능성을 염두에 두고 일부 예외적으로 허용할 뿐, 원칙적으로 공매도를 금하고 있다. 그러나 어차피 주식투자에는 늘 위험이 따른다면, 일단 길은 열어놓을 필요가 있다. 주식투자의 책임은 투자자에게 있지 않은가!

올빼미족 양산하는 ECN

주식시장이 문을 닫아도 주식을 사고 팔 수 있다. 다시 말해 24시간 주식을 사고 팔 수 있게 된 것이다. 장외전자거래시장(Electronic Communication Network : ECN)이 있기 때문이다. 2001년 12월 말, 28개 증권사가 공동출자해 만든 한국ECN이 본격적으로 가동되었다. ECN은 주식시장이 문을 닫는 오후 4시부터 이튿날 주식시장이 열리기 전까지 개장되는 게 원칙이다. 주식시장의 주문이 8시부터 이뤄지고, 시간외 매매까지 포함해 3시 50분에 마감되는 점을 알면 쉽게 이해할 수 있다.

주문은 증권사의 온라인 시스템을 통해 이뤄진다. ECN이 주문을 취합함으로써 매매가 이뤄진다. 단일 가격으로서 종가만으로 거래를 할 수 있었으나, 점차 가격 변동을 허용하고 있다. 유럽은 물론이고 미국시장도 살펴보며 주식을 매매할 수 있다. 세계시장과의 동조화 현상이 더욱 커지게 된 것이다.

ECN의 원조는 미국이다. 미국 주식시장의 참여자는 주로 기관투자가들이다. 간접투자자들이 많다는 의미이기도 하다. 따라서 소량의 거래를 할 필요성이 높아짐에 따라 등장한 것이 바로 ECN이다. 우리나라와 달리 24시간 열린다. 일본에도 ECN이 있지만, 이용자들이 적어 개점휴업 상태에 있다.

우리나라의 경우 매매제한제도가 해제되면 크게 활성화될 듯싶다. 주식시장에서 차지하는 개인투자자 비중이 워낙 높고, 사이버 거래가 급증하고 있다는 점을 감안하면 ECN이 점점 각광받을 것으로 보인다. 따라서 1일 주가변동폭이 확대되면 밤새도록 컴퓨터 앞을 떠나지 못하는 올빼미 투자자들이 늘어나게 될 것이다. 앞에서도 설명했듯이, 주식투자를 하려면 건강해야 한다. 재충전을 위한 시간이 없어지면서 사회적인 문제가 일어날 수 있다는 점에서 걱정이 아닐 수 없다.

ECN의 순기능도 있다. 시장 마감 이후 발표되는 뉴스나 공시, 그리고 밤 사이 전해지는 외신 등이 즉각 반영된다는 점에서는 긍정적이다. 비록 가격은 이미 정해진 종가이지만 사고 팔 수 있는 기회는 있는 셈이다. 그러나 ECN이 증권거래소나 코스닥시장처럼 공익적 자율기관이 아니라 사설 증권회사라는 점에서 문제의 소지가 있다.

증권회사들이 참여하지만 결제의 불안전성과 불공정거래를 차단할 수 있는 방안 등이 숙제로 남아 있다. 아울러 가격 변동폭이 제한되는 점도 시장 활성화에 악영향을 줄 것이다. 오히려 상·하한가제도를 없애 자유로운 매매를 보장하는 게 어떨지 한번 검토해볼 만하다.

증권가의 터부

사람들마다 꺼림칙하게 여겨 피하는 일이 있다. 특히 운동선수들의 경우, 시합 전날 수염을 깎지 않거나 발을 씻지 않는 등 금기사항이 많은 편이다. 경기의 승패에 영향을 줄 것으로 우려하기 때문이다. 아니면 승리를 기원하는 나름대로의 의식일 것이다. 과학적인 근거는 없다.

증권가에도 이 같은 터부가 많다. 우선 증권가 사람들은 게와 새우를 피한다. 특히 장세가 흔들리면 이러한 경향은 더욱 짙게 나타난다.

게부터 살펴보자. 주가가 크게 오르내리지 못한 채 소폭의 변화 속에서 횡보할 때가 있다. 마치 게가 앞으로 가지 못하고 옆으로 가는 것과 비슷하다. 이 때 "주가가 게걸음질 친다"라는 표현을 쓴다. 이를 소폭의 혼조장세라고도 한다. 대체로 혼조국면에서는 수익을 올리기가 어렵다. 거래도 줄어든다. 증권사 입장에서는 수수료 수입이 감소한다. 따라서 증권사 사람들은 게를 좋아하지 않는다고 한다.

새우의 경우는 이보다 좀더 심하다. 새우는 등이 구부러져 있어, 주가가 오르다가 그 흐름이 꺾이는 모습을 연상시킨다. 이런 주가의 모습은 좋지 않다.

증권회사 사람들은 동물원에 가서도 피하는 곳이 있다. 바로 낙타 우리다. 봉이 하나(단봉 : 주가가 올라 고점을 형성하고 하락세로 돌아선 모습)든 두 개(쌍봉 : 주가가 올라 고점을 이루고 조정을 받아 저점을 형성한 후 다시 반등했으나, 다시 고점을 만들고는 떨어지는 모습)든 간에, 연상되는 게 별로 좋지 않다. 모두 주가 하락을 의미하기 때문이다.

무더운 여름에도 부채와 선풍기를 멀리한다. 바람에 돈이 날아간다고 믿기 때문이다.

한편 기술적 분석 중 헤드 앤드 숄더(Head & Shoulder)형이 있다. 주가가 사람의 어깨와 머리 모양처럼 계속 하락하는 모습을 나타내는 것으로, 침체국면의 진입을 강력히 시사하는 패턴이다. 그런 점에서 증권가 사람들은 다른 사람을 만나지 말아야 하는 게 아닌가 하는 생각이 든다. 누구에게나 어깨와 머리가 있어, 사람을 만나면 헤드 앤드 숄더형이 생각날 것이기 때문이다(하긴 주식투자를 할 때 다른 사람 말을 믿지 말라는 얘기도 있으니, 컴퓨터를 붙잡고 사이버 거래를 하는 편이 나을지도 모른다. 수수료도 싸니 좋지 않은가!).

그런데 모든 일은 마음먹기에 달렸다. 달리 생각해보자. 게를 다리 쪽에서 보면 올라가는 모습이 된다. 새우를 먹을 때 돌려서 먹으면 주가가 둥근 바닥을 그리고 올라가는 모습이다. 낙타는 조금 어렵다. 물구나무를 서서 보면 어떨까? 주가 상승을 시사하는 U자형과 W자형이 나오지 않는가? 부채와 선풍기도 그렇다. 이를 통해 다른 사람 돈이 날아오게 할 수도 있는 것이다. 어차피 주식투자란 다른 사람의 돈을 먹는 게 아닌가!

웃기는(?) 시장조성의무

거래소나 코스닥시장에 얼굴을 새로 내민 기업의 주가가 공모 가격을 어느 정도 밑돌면, 공개를 주선한 증권사가 이들 주식을 의무적으로 매수하도록 되어 있다. 이를 '시장조성의무'라고 한다. 이 것은 투자자 보호를 기본 목적으로 하고 있다. 아울러 주간사 회사의 적정한 가격 분석을 유도한다는 측면에서 상당히 긍정적이라고 할 수 있다. 그러나 공모가격의 결정권자와 책임자가 분리된다는 모순을 안고 있다. 또 수급 균형을 통한 가격결정이라는 시장의 기본원리를 무시하고 있다. 특히 일반투자자에 비해 공모주를 많이 배정받는 기관투자가들에게 유리한 제도다.

시장조성의무는 시장가격이 공모가격의 90% 이하로 떨어질 때 자동적으로 부과된다. 시장조성의무 기간은 매매개시일(상장 또는 등록 첫 날)로부터 1개월이다. 조성 물량은 우리사주조합에 우선 배정된 물량을 제외한 공모

물량의 100%다. 시장조성으로 유지시켜야 하는 가격은 공모가격의 90%를 넘어야 한다.

시장조성의무제도는 우선 공모가격이 수요예측 참여자에 의해 결정된다는 점에서 문제가 있다. 주간증권사는 공모가격 결정에 참여할 수 없는데도, 수급불균형에 따른 가격의 하락에 대해 증권회사에 책임을 묻는 것은 쉽게 이해가 안 간다. 마치 죄가 없는 사람을 범인으로 단정하는 셈이다.

또 이 제도는 최대 손실폭(공모가의 10%)을 확정시키기 때문에 공모주 입찰 참여자들의 도덕적 해이를 유발한다. 무조건 물량을 많이 받아놓고 주가를 올린 후 내다 파는 기관투자가들이 등장할 만큼 시장질서를 어지럽히고 있다. 따라서 시장조성의무제도는 폐지될 필요가 있다.

시장조성의무제도가 폐지되면 공모주 배정방식도 바뀌어야 한다. 모든 투자자가 차별없이 참여할 수 있는 방식이어야 할 것이다. 현재 증권거래소 상장을 위한 공모주 배정비율은 기관투자가 60%, 일반투자자 20%, 우리사주 20% 등이다. 기관투자가 배정물량 중 3분의 2인 40%는 고수익 펀드에 배정된다. 코스닥시장의 공모주 배정비율은 기관투자가 65%(고수익 펀드 50%), 우리사주분 20%를 포함한 일반투자자 15%다.

기관투자가의 비중이 높은 이유는 투신사를 지원하기 위한 정책적 측면이 고려된 것이다. 특히 고수익 펀드는 위험이 높은 만큼 수익을 보전하는 차원에서 공모주 배정비율이 높다. 그러나 이처럼 높은 배정비율은 공모가격을 좌지우지할 수 있는 지배력을 강화시켜준다. 이에 따라 기관투자가들의 불성실한 공모가 자주 일어나고 있다.

기관투자가뿐 아니라 일반투자자 역시 같은 조건에서 참여하는 게 올바른 가격결정 방법이 될 수 있다. 이 때 공모가격의 적정수준 여부는 상관이 없다. 일단 수급에 의해 가격이 결정되기 때문이다. 이렇게 되면 공모주 투자가 언제나 수지 맞는다(?)는 인식도 많이 줄어들 것이다.

일부에서는 공모주 청약에서 일반투자자를 배제하자는 주장도 나오고 있다. 일반투자자는 투자 정보에 취약하고 분석능력도 없기 때문이라는 게 이들 주장의 근거이다. 물론 일반투자자들이 접할 수 있는 정보는 제한적이며, 정보에 대한 접근도 용이하지 않다. 따라서 주식시장에 새롭게 등장하는 기업은 일반투자자들에게 부담이 될 수 있다. 그렇다면 기관투자자들은 투자 정보에 강하고 분석능력이 있어 늘 수익을 챙겼는지 반문해볼 필요가 있다.

기관투자가들의 자금력은 일반투자자들보다 비교할 수 없을 정도로 막강하다. 따라서 자금에 의한 지배력을 막기 위해 기관투자가들의 참여를 오히려 줄일 필요가 있을 것이다.

돈이 드는 간접투자

주식투자를 하는 방법에는 두 가지가 있다. 직접투자와 간접투자가 그것이다. 직접투자는 투자자가 종목을 선정하고 직접 매매를 한다. 증권사에 가서 계좌를 만들어 투자를 하면 된다.

간접투자는 전문가에게 돈을 맡기면 된다. 주식투자를 다른 사람에게 대신 시키는 게 바로 간접투자다. 돈을 맡기려면 무엇보다도 신뢰가 뒤따라야 한다. 그래서 간접투자를 흔히 신탁(信託)이라고 한다. 믿고 맡긴다는 의미다. 신탁은 흔히 은행에서 취급하고 있다.

신탁은 다른 사람(고객)으로부터 받은 돈을 잘 굴려 수익을 내서 돌려주는 상품이다. 돈을 어떻게 굴리느냐(이를 운용이라고 한다)에 따라 수익의 크기가 결정된다. 은행에 돈을 맡긴다는 점에서는 예금과 유사하나, 상황에 따라 수익이 달라진다는 점에서 차이가 있다.

운용결과에 따라 손실이 나기도 한다. 따라서 신탁을 실적배당 상품이라고 한다. 이러한 신탁에서 좀더 전문성을 띤 상품이 투자신탁이다.

투자신탁은 운용대상이 주식이나 채권 등 유가증권으로 한정되는 상품이다. 일반 신탁과 구별되는 이유는 운용에 따른 위험성이 더 크기 때문이다. 위험성이 큰 만큼 전문회사인 투자신탁운용회사에서 업무를 담당한다. 이 회사는 펀드 매니저라는 전문가들을 고용해 유가증권 투자를 한다. 이처럼 전문가 집단인 투자신탁운용회사가 대신 하는 투자가 바로 간접투자다. 이들 회사는 주로 자산 운용만을 한다. 자금 입출 업무는 증권·은행 등이 맡고 있다. 따라서 간접투자를 하려면 이들 금융기관에 가야 한다.

간접투자는 남이 대신 하는 만큼 직접투자와는 달리 대리인 비용이 수반된다. 대리인 비용은 전문용어로 신탁보수라고 하는데, 투자신탁상품 매매수수료와 운용 보수 등으로 구분된다. 그러나 간접투자에 따르는 수수료는 모든 비용을 합쳐 신탁보수만으로 부과된다. 대체로 신탁재산의 0.2% 정도다. 이는 직접투자자 입장에서 보면 추가 비용이다. 상품에 따라 차이가 나기는 하나, 일정 기간 동안 돈을 맡기지 않고 중도에 찾으면 벌금을 매기기도 한다. 이를 중도환매수수료라고 한다.

환매는 간접투자자가 매수한 투자신탁상품을 다시 매도함으로써 현금을 돌려받는 것을 말한다. 신탁기간 만기 이전인 중도에 환매하면 벌금을 내게 된다. 벌금은 중도환매 때까지 생긴 수익의 70%에 이른다. 수익이 없는 경우 중도환매수수료가 부과되지 않는다. 이러한 벌금은 신탁재산에 수익으로 계산돼 만기 때 찾는 사람의 몫이 된다.

특히 신탁운용 실적이 적자일 경우에도 신탁보수를 꼬박꼬박 내야 한다는 점을 알아둘 필요가 있다.

수익증권에서 손해가 났는데, 관리비도 뜯어가고 세금도 낸다

수익증권은 유가증권에 대한 간접투자상품이다. 수익증권을 알기 위해서는 우선 투자신탁의 개념을 이해할 필요가 있다. 투자신탁은 말 그대로 투자를 믿고 맡긴다는 얘기다. 이 때 투자대상은 채권·주식·선물·옵션 등 유가증권이다.

펀드라고도 하는 투자신탁은 일반 사람들의 소규모 자금을 모아 큰 자금으로 만들어 유가증권에 투자, 그 수익을 나눠주는 상품이다. 이 때 투자신탁의 고객이, 맡긴 돈의 대가로 받는 증서가 바로 수익증권이다. 유가증권에 투자하는 금융상품의 출자단위가 바로 수익증권이다. 그런데 이 수익증권에 투자해 이익은커녕 손해를 입었는데도, 관리비는 물론 세금까지 내야 하는 어이없는 경우가 발생한다. 수익이 났다면 당연히 내야 할 비용으로 받아들일 수 있다. 그러나 원금마저 깨진 마당에 거둘 것은 다 거둬가니, 이런 경우가 있나 싶다.

두번째 메모 | 주식시장의 흐름 다시 보기

수익증권에 투자할 때 드는 비용에는 대리인 비용이라는 신탁보수가 있다. 돈을 관리해준 대가로 지불하는 비용이다. 이는 수익증권의 수지 여부와 관계없이 펀드에서 무조건 떼어간다. 이익을 보든 손해를 보든, 관리를 했으니 무조건 내야 한다. 주식을 팔면 거둬가는 거래세와 마찬가지다. 신탁보수는 펀드별로 차이가 난다. 펀드 규모의 0.13~0.26% 정도로, 주식 편입비율이 클수록 신탁보수도 늘어난다. 채권과 달리 주식은 매매가 자주 이루어지기 때문에 그만큼 관리비용도 많아진다.

그렇다면 수익증권에 투자해 손해를 보았는데도 세금을 내야 하는 이유는 무엇인가? 소득이 없는데도 세금을 내야 하는 게 쉽게 이해되지 않는다. 이는 수익증권의 수익이 형성되는 메커니즘을 알면 수긍이 갈 것이다.

수익증권은 자금을 맡긴 투자자에게 주로 채권과 주식 등 유가증권에 투자해 얻은 수익을 분배한다. 따라서 수익증권 투자자(수익자)들이 받는 수익은 크게 유가증권의 매매(평가)차익·이자·배당 등으로 구분할 수 있다.

매매(평가)차익의 경우 직접투자처럼 세금이 없다. 얼마를 벌든 상관하지 않는다. 그러나 이자와 배당에는 소득세가 부과된다. 유가증권 매매에서 수익이 났다면, 수익증권의 투자결과 역시 좋을 것이다. 문제는 유가증권 매매에서 입은 손실의 규모가 이자나 배당보다 클 경우다.

기업이 투자신탁에 이자와 배당을 지급할 때는 세금을 떼지 않는다. 수익증권이 아닌 수익자에게 이자와 배당이 귀속되기 때문이다. 유가증권 매매 손실로 수익증권 가격이 하락하고, 그 손실폭이 이자와 배당보다 많으면 세금을 내야 한다.

수익증권의 가격이 같다고 하더라도, 세금은 그 수익의 구성이 어떻게 됐느냐에 따라 달라진다. 매매(평가)손실이 얼마이든 간에, 받는 이자와 배당금 규모에 따라 세금이 부과된다. 이자와 배당이 수익에서 차지하는 비중이 클수록 세금 부담 또한 커진다. 따라서 수익증권에는 그 자체 가격(기준가격) 외에, 세금을 얼마나 내야 하는지를 알려주는 과세 기준가격이 있다. 수익증권 투자자라면 적어도 과세기준가격 정도는 알고 있어야 한다.

'흙 속의 진주를 찾는다.' 그 세번째 메모

주식의 본질 되짚어 보기

우리나라 주식시장에서는 "주가가 과대평가됐다"라는 진단이 좀처럼 나오지 않는다. 다시 말해 주가가 지나치게 높으니까 매도를 해야 한다는 전문가들의 얘기는 듣기 힘들다. 그렇다면 과대평가된 주식은 일반투자자 스스로 판단할 수 밖에 없다. 과대평가라는 절대적인 기준은 없다. 주가는 대중의 심리에 따라 움직이기 때문이다. 시장에 자금이 풍부하면 고가주도 싸게 보이는 게 사람들의 심리다.

주식은 아무 데서나 사고 팔 수 있다

흔히 주식시장에서만 주식을 사고 파는 것으로 알고 있으나, 실제로는 그렇지 않다. 어디에서나 사고 팔 수 있다. 길거리에서도 매매할 수 있다. 명동이나 강남 등지의 사채업자와 거래할 수도 있다. 그런가 하면 인터넷상으로도 매매할 수 있다. 물론 주식과 현금을 교환할 때는 매매 당사자끼리 만나야 한다.

주식시장 밖에서 매매가 이뤄지는 만큼, 이를 '장외시장'이라고 한다. 상장주식과 등록주식도 시장 밖에서 거래가 이뤄지면 '장외거래'가 된다.

주식시장에서는 다수의 참여자들이 매매에 참여하기 때문에 가격 형성의 공정성이 높다. 아울러 주식시장에서의 매매는 주문→매매체결→결제 등의 절차가 정형화된 틀 속에서 이뤄지기 때문에, 매매 당사자 모두에게 편리하다. 복잡한 세금 문제도 간단하게 해결된다.

장외시장에서 주식을 매매할 경우 어떤 문제가 발생할 수 있는가? 우선

세번째 메모 | 주식의 본질 되짚어 보기

가격이 문제될 것이다. 사는 사람과 파는 사람이 가격 흥정을 한다. 대부분 1 대 1이다. 사는 사람과 파는 사람이 각각 만족하는 수준에서 가격이 형성된다. 매매 당사자 간에 서로 적당하면(reasonable) 된다. 남이 보기에 싸거나 비싸다는 평가는 문제가 되지 않는다. 그러나 시장가격보다 현저하게 낮을 경우, 의제 증여로 세금이 부과된다.

가격이 결정되면 주식과 현금 교환이 이뤄진다. 이 때 주식이 정상적인지의 여부가 문제로 떠오른다. 다른 사람이 분실한 물건인지, 또는 장물 여부의 판가름이 중요하다. 위조 및 변조 여부 또한 파악돼야 한다. 주식시장에서 거래되지 않는 주식의 경우, 통일규격이 없고 발행회사마다 크기·모양·양식 등이 다른 경우가 많다.

이 때는 매매당사자가 발행회사를 직접 방문해, 주권의 진위 여부와 함께 주주 명부에 이름을 올리는 '명의개서'를 하는 게 안전하다. 아울러 나중에 분쟁이 생길 경우에 대비해 매매당사자, 특히 매도자의 신분을 확실히 해두는 게 바람직하다. 주권의 인쇄상태·색상·오손 등의 여부도 점검해야 한다.

증권예탁원이 회사를 대신해 발행한 통일규격 주권이라도 주의를 해야 한다. 우선 통일규격의 주권을 햇빛이나 불빛에 비춰보면 '대한민국' 이라는 글자가 뚜렷이 나타난다. 그래도 미심쩍으면 증권예탁원의 고객상담실을 이용, 도움을 받을 수 있다.

주식시장의 삼형제

주식은 아무 데서나 사고 팔 수 있다. 그러나 전자제품·가구·옷 따위처럼 전문적으로 취급하는 시장이 있다면 좀더 편리할 것이다. 그 곳이 바로 주식시장이다. 그렇다고 아무 주식이나 매매되지는 않는다. 일정한 자격을 갖춘 주식만을 사고 팔 수 있다. 매매자격 요건이나 형태에 따라 시장이 구분된다.

먼저 흔히 알고 있는 증권거래소를 들 수 있다. 또 1990년대 후반에 등장한 코스닥시장이 있다. 주식시장 붐과 더불어 2000년에는 제3시장도 나타났다. 이는 증권거래소나 코스닥 등록여건을 충족하지 못함으로써 장외에서 거래되는 기업들의 주식을 모아 거래할 수 있게 한 시장이다. 제3시장은 아직 적당한 이름을 찾지 못해 붙여진 명칭이다. 역사가 가장 오래 된 증권거래소 시장을 제1시장, 코스닥시장을 제2시장, 이들의 뒤를 이어 등장한 시장을 제3시장이라고 한다. 제3시장은 미국의 OTCBB(Over-The-

■ 표 3-1 주식시장의 종류

구 분	증권거래소	코스닥시장	제3시장	장외시장
운영주체	증권거래소	증권업협회	증권업협회	없음
매매대상	상장주식	등록주식	지정주식	제한없음
매매시간	09:00~15:40	09:00~15:00	09:00~15:00	〃
매매단위	10주	1주	1주	〃
증거금	증권사 자율	증권사 자율	현금 100%	〃
매매방식	경쟁매매	경쟁매매	상대매매	〃
가격변동제한	±15%	±12%	제한없음	당사자 간 결정
양도소득세	없음	없음	• 대기업 : 양도차액의 20% • 중소기업 : 양도차액의 10%	
증권거래세	매매대금의 3%	매매대금의 3%	매매대금의 5%	
관련법규	• 증권거래법 제2조 제12항 • 증권거래소의 업무·상장·공시 등의 규정	• 증권거래법 제2조 제14항 • 증권업협회의 협회중개시장운영규정	• 증권거래법 제194조 • 금융감독위원회의 유가증권의 장외거래에 관한 규정	

Counter Bulletin Board)를 기본 모델로 삼고 있다.

    이들 시장은 모두 주식을 사고 팔 수 있는 곳이다. 시장 바깥을 의미하는 장외시장에서도 주식을 매매할 수 있다. 따라서 주식시장은 크게 증권거래소·코스닥시장·제3시장·장외시장 등으로 구분할 수 있다. 장외시장은 넓은 의미로 증권거래소·코스닥시장·제3시장 등에서 매매가 되는 주식을 제외한, 다른 주식을 사고 파는 시장을 말한다. 좁은 의미로는 증권거래소 시장을 제외하고 모두 장외시장이라고 한다. 이는 과거 증권거래소만이 제도권 내 시장이었기에 그렇게 부를 뿐, 큰 의미는 없다.

그런가 하면 증권거래소·코스닥시장·제3시장 등에서 매매되는 주식이지만, 이들 시장을 통하지 않고 당사자 간에 매매를 하는 경우도 장외거래가 된다.

거래소시장의 운용주체는 증권거래소다. 여기에서 매매되는 주식은 증권거래소가 정한 상장 요건을 갖춰야 하기 때문에 상장주식이라고 한다. 거래 형태는 불특정 다수인이 참여하는 경쟁매매 방식이다. 코스닥시장은 증권업자들의 모임인 증권업협회가 운영주체다. 증권업협회의 등록요건을 갖춘 등록주식만을 매매할 수 있다. 매매방식은 거래소와 같은 경쟁매매 방식이다.

제3시장은 금융감독위원회가 제도화한 시장으로서, 운영주체는 증권업협회다. 증권업협회의 지정요건을 충족한 지정기업 주식이 거래된다. 경쟁매매가 아닌 상대매매 방식으로 거래가 이뤄진다. 상대매매 방식은 매매거래 당사자 간의 개별적인 교섭을 통해 가격·수량·결제조건 등을 정하는 거래방법을 말한다.

현재 정부는 증권거래소·코스닥시장 등 현물시장과 선물시장을 통합시키려는 방안을 추진하고 있다.

주식시장별 매매자격 요건

주식시장에서 매매할 수 있는 주식은 시장 참여자인 투자자를 보호하기 위한 차원에서, 시장마다 기준을 달리 적용하고 있다. 회사의 역사·자본금·재무상황·주식분산 등을 검토해 매매거래 자격을 부여한다. 가급적 좋은 회사의 주식이 시장에서 거래될 수 있도록 하기 위해서다. 투자원금이나 수익을 보호하는 게 아니다. 쉽게 이야기하면 불량품 유통을 막고 정상품(상대적인 개념)만 팔고 살 수 있도록 하는 것이다.

주식시장별 매매자격 요건을 살펴보기 전에 상장·등록·지정 등과 같은 단어를 알아두자. 상장은 증권거래소에서 매매될 수 있는 요건을 갖췄다는 말이다. 등록과 지정은 각각 코스닥시장과 제3시장의 매매자격 요건을 갖춘 것을 의미한다. 다시 말해 각 시장별로 용어가 구분된다는 점을 알아둘 필요가 있다. 실제로는 상장이라는 말로 통일할 수 있지만, 증권거래

소가 다른 시장과의 차별화를 고집해 각각 다른 용어를 사용하고 있다. 시장이 구분된다는 점에서 어느 정도 편리하기는 하다. 상장기업이라면 증권거래소에서 주식이 매매되는 기업을, 등록기업은 코스닥시장에서 발행주식이 거래되는 기업을 말한다. 지정기업은 당연히 제3시장에서 주식을 사고 팔 수 있다. 그렇다면 상장·등록·지정 등은 각각 어떤 차이가 있는지 증권거래소의 상장 요건을 중심으로 살펴보자.

우선 기본적인 여건으로 회사의 존속기간이 등장한다. 상장기업이 되려면 회사가 설립된 지 5년이 경과해야 한다. 등록기업은 회사의 역사가 3년 이상이어야 한다. 제3시장에는 설립년수의 조건이 없다. 이처럼 회사의 존속기간 요건이 다른 이유는 기업의 성장진행 과정 때문이다.

일반적으로 기업에도 라이프사이클이 있다. 설립·성장·성숙, 그리고 퇴조라는 과정을 거친다. 기간은 물론 기업마다 다르다. 설립 후 5년이 경과하면 성장 중으로, 기업이 건강하다고 할 수 있다. 물론 등록기업의 요건인 3년은, 앞으로 성장 속도가 빠를 수 있다는 의미를 갖는다고 풀이할 수 있다.

상장기업은 자본금과 자기자본이 각각 30억 원과 50억 원 이상이어야 한다. 아울러 발행주식 수가 30만 주 이상이어야 한다. 등록기업은 자본금이 5억 원 이상, 자기자본이 10억 원 이상인 기업이다. 기업의 자본금은 밑천이다. 따라서 상장기업의 밑천이 더 두둑하다고 할 수 있다. 또한 규모도 등록기업보다 크다. 그렇다고 상장기업의 수익이 많거나 투자수익이 높다는 얘기는 아니다. 자본금은 기업의 영업에 따라 많거나 적을 수 있다. 일반적으로 장치산업이나 기간산업의 경우 자본금이 많다.

상장기업과 등록기업은 재무내용에서도 차이가 난다. 상장기업이 되려면 최근 3년 간 연평균 매출액이 150억 원 이상이어야 하며, 최근 사업년도는 200억 원을 넘어야 한다. 등록기업의 경우 매출기준은 없다. 부채비율은 상장기업이나 등록기업의 경우 동일하다. 최근 사업년도 부채비율은 상장기업과 등록기업이 속한 업종 평균의 1.5배 미만이어야 한다.

이익 측면에서 볼 때 상장기업은 최근 3년 간 영업이익·경상이익·당기순이익이 있어야 한다. 이에 반해 등록기업은 경상이익만 나면 된다. 그것도 3년 간이 아니라 최근 사업년도에만 있으면 된다. 또 상장기업은 최근 사업년도의 납입자본이익률이 25% 이상이어야 하며, 최근 3년 간 합계가 50%를 넘어야 한다. 납입자본이익률은 당기순이익을 납입자본금으로 나눠 계산된다. 등록기업은 이러한 조건이 없다. 아울러 최근 사업년도에 자본잠식 상태가 아니어야 한다는 점은 상장기업이나 등록기업 모두 같다.

재무내용에서 본 상장기업과 등록기업의 차이는 안전성과 수익성에 있다고 할 수 있다. 일반적으로 상장기업의 재무내용이 등록기업보다 월등하다. 그렇다고 투자 수익이 높다는 얘기는 아니다. 즉 내재가치 측면에서는 상장기업이, 성장성 측면에서는 등록기업이 높다고 얘기할 수 있다.

거래소시장과 코스닥시장은 주식을 갖고 있는 주주 수에서도 차이가 있다. 상장기업은 의결권이 있는 주식의 30% 이상을 일반주주가 갖고 있어야 한다. 기업규모가 크면 일반주주 지분율이 10% 이상으로, 자기자본에 따라 공모주식 수가 달라진다.

자기자본이 500억~1,000억 원인 기업은 100만 주 이상을 공모해야 한다. 자기자본이 1,000억~2,500억 원인 기업은 200만 주 이상, 2,500억 원 이상은 500만 주 이상이어야 한다. 액면가는 구분하지 않는다. 따라서 공모주식 수가 적으면 액면분할을 하면 된다. 일반주주는 대주주와 특수관계인을 제외한 불특정 다수인을 말한다. 이와 달리 등록기업은 발행주식 수의 10% 이상을 일반주주 100명 이상이 갖고 있으면 된다.

얼마나 많은 사람들이 주식을 갖고 있으며, 그들의 지분이 얼마나 되는지를 가늠할 수 있는 것을 주식분산 정도라고 한다. 주식분산율이 높다는 것은 회사의 주주가 많으며, 이들의 주식도 많다는 의미다. 주식분산 정도는 가격 공정성과 환금성에 영향을 준다. 주식을 갖고 있는 사람들이 많을수록 주가가 공정하게 형성된다. 아울러 매매도 쉽게 이루어진다.

제3시장의 지정기업은 외부감사인의 감사의견이 적정 또는 한정이며, 증권예탁원에 등록이 가능한 통일규격증권으로 양도에 제한이 없고, 명의개서 기관이 있으면 된다.

아울러 공개모집(공모)한 주식이 아닌 사모주식의 경우, 1년 이상이 경과된 조건 등을 만족시키면 된다. 상장기업이나 등록기업에 비해 요건이 까다롭지 않다. 따라서 그만큼 투자 위험이 크다고 할 수 있다. 주식분산 요건도 엄격하지 않다. 다수인이 참가하는 경쟁매매 방식이 아닌 상대매매 방식으로 거래가 이뤄진다. 따라서 합리적인 가격결정에 어려움이 있다. 아울러 환금성도 크게 떨어져 매매가 쉽지 않다.

주당순이익은 물을 타서 계산한다

주식투자자라면 누구나 주가수익비율(PER)을 알고 있다. 주가를 주당순이익(EPS)으로 나눠 산출한다. 주당순이익이라고 하면 흔히 이익을 발행주식 수로 나눈 것으로 알고 있는데, 이는 정확한 게 아니다. 손익계산서에 발표되는 주당순이익은 물을 타 계산한 희석 주당순이익이다.

재무제표에 발표되는 주당순이익이 희석된 주된 이유는 희석증권(잠재주식)이 있기 때문이다. 희석증권은 보통주 청구가 가능한 증권을 말한다. 증권 소유자가 보통주 발행을 청구하면 주식이 늘어난다. 따라서 주당이익(경상이익과 당기순이익)이 줄어드는 금융상품이나 기타 계약을 희석 증권이라고 한다.

여기에는 전환우선주 · 전환사채 · 신주인수권부사채(BW) · 스톡 옵션(주식매입선택권) 등이 있다. 상장기업이나 등록기업이 이러한 희석증권을 발행했다면 주당이익은 이를 감안해야 한다. 현재 발표되고 있는 주당이익은, 이미 발행된 주식 수보다 훨씬 보수적인 관점에서 계산된다. 발행주식 수를 산정할 때 회사가 매수한 자기주식 수는 차감된다. 자기주식이 이익 창출에 사용된 것이 아니기 때문이다. 따라서 주당순이익은 우리가 일반적으로 알고 있는 것보다 낮게 발표된다. 이에 따라 PER도 단순한 이익보다 확대 계산된다.

예를 들어 보자. 보통주가 1만 주인 기업이, 보통주 청구 가능 주식 수가 1만 주가 되는 희석증권을 발행했다고 가정하자. 당기순이익이 1,000만 원이라면 일반적인 주당순이익은 1,000원(1,000만 원 ÷ 보통주 1만 주)이다. 그런데 희석증권을 감안하면 500원[(1,000만 원 ÷(보통주 1만 주 + 청구 가능 보통주 1만 주)]으로 낮아진다. 주당순이익이 낮아지는 만큼 이를 분모로 사용하는 PER는 커지게 된다.

주당순자산의 경우에도 주당순이익처럼 계산되어야 한다. 그런데 이에 대한 지침은 없다. 따라서 주당순자산의 경우 순자산(자산 – 부채)을 단순히 발행주식 수로 나눠 산출한다. 주당이익에 비해 주당순자산을 늘려 발표하고 있는 셈이다. 참고로 증권사들이 예측해서 내놓는, 다음 회계년도 주당이익은 희석증권을 무시한 채 발표된다. 따라서 직전년도의 주당이익 흐름과 예측 주당순이익을 분석할 때는 이 점을 감안할 필요가 있다.

주식에도 색깔이 있다

대부분 알고 있듯이, '블루(blue) 칩' 하면 주가가 높은 고가 우량주를 말한다. 이 밖에도 다양한 색을 가진 주식들이 있다. 그린(green), 블랙(black), 레드(red), 옐로(yellow) 등….

블루 칩의 유례부터 살펴보자. 카드 도박의 하나인 포커에서는 푸른 색의 칩이 가장 비싸다. 따라서 고가주를 블루 칩이라고 한다. 세계적으로 통용되는 말이다. 그러나 옐로 칩 등 나머지는 우리나라에서 만들어졌다. 외국인들은 쉽게 이해하지 못한다.

그린 칩을 살펴보자. 그린은 깨끗한 녹색 환경을 뜻한다. 환경관련 주식을 그린 칩이라고 한다. 물·공기 등 자연환경을 깨끗하게 만드는 기술을 가진 기업이나 정화를 주력 사업으로 하는 기업의 주식을 말한다.

블랙 칩은 다소 생소할 것이다. 탄광과 관련이 있는 기업의 주식을 말한다. 그렇다고 석탄을 캐는 기업을 말하는 게 아니다. 채산성이 악화된 광산

업체를 말한다. 소유하고 있는 광산이 새롭게 개발될 수 있는 기업의 주식이다. 강원도의 탄광을 가진 업체로 카지노 개발과 관련이 있는 주식을 블랙 칩이라고 한다.

레드 칩은 당연히 붉은색과 연관이 있다. 붉은색은 대체로 공산주의를 의미한다. 여기에서 말하는 레드의 진정한 의미는 이데올로기 붕괴의 부산물이다. 공산국가와의 교역 증대에 따른 수혜주를 말한다. 중국이나 북한 관련 주식을 레드 칩이라고 한다.

옐로 칩의 탄생은 다소 의외다. 옐로 칩은 한 증권사 직원이 만들어냈다. 노란색을 좋아하는 사람은 많다. 그러나 주식에서 노란색을 나타내는 표현은 없었다. 따라서 생각해낸 것이 옐로 칩이다. 블루 칩만큼 우량주는 아니나, 가격이 조금 낮은 중가 우량주를 가리킨다.

골드(gold) 칩도 있다. 금광 관련 주식을 말한다. 국내든 해외든 관계없이, 금맥을 발견한 기업의 주식을 말한다. 채산성은 별도 문제이고, 금맥만 발견하면 골드 칩이 된다. 꼭 광산 업체가 아니라도 무방하다. 종합상사나 임업 또는 해외에 벌목권을 갖고 있는 업체도 운이 좋으면 골드 칩이 될 수 있다. 보물선 발굴에 뛰어든 업체도 골드 칩이라고 한다. 그런데 골드 칩의 경우 세심한 주의가 필요하다. 회사가 거의 망가졌을 때 주가관리를 하기 위해 금이나 보물선 탐사에 나서는 경우가 많기 때문이다.

발행주식 수 × 액면가 ≠ 자본금

 납입자본금은 주식회사의 밑천으로서, 주주들이 배당을 겨냥해 회사에 낸 자금이다. 그런데 주주들이 낸 자금 모두가 자본으로 잡히지는 않는다. 액면가를 기준으로 계산될 뿐, 주식가격과는 관계가 없다. 주권에 기재된 금액을 기준으로 자본금이 결정된다.

상법에서는 주식회사 자본금을 5,000만 원 이상으로 규정하고 있다. 자본은 주식으로 분할해야 한다. 이 때 금액은 균일하도록 강제하고 있다. 액면제도의 근거가 여기에서 나온다. 따라서 액면가에 발행주식 수를 곱하면 자본이 된다. 이를 공식으로 나타내면 다음과 같다.

액면가 × 발행주식 수 = 자본금

증자를 생각해보자. 자본을 늘린다는 얘기다. 방법은 세 가지다. 첫째,

액면가를 높인다. 둘째, 발행주식 수를 늘린다. 셋째, 발행주식 수를 늘리는 동시에 액면가를 높인다.

액면가를 높인다는 얘기는 주식병합을 연상시킨다. 예를 들어 액면가 100원의 주식을 200원으로 높이면 자본은 증가한다. 물론 발행주식 수는 고정된다. 이 때 액면 200원인 신주의 발행은 유상이든 무상이든 상관없다. 발행가는 액면가에 비해 할증·할인 모두 가능하다. 그러나 이러한 증자방식은 실제로 이뤄지지 않고 있다. 계산상 그럴 뿐이다. 발행주식 수를 늘려 자본을 증액하는 게 일반적이다. 액면가는 변하지 않고 그대로 고정된다. 액면가를 높이는 동시에 발행주식 수를 늘리는 방법 역시 이용되지 않고 있다.

증자에서와 마찬가지로, 감자에도 세 가지 방법이 있다. 발행가격을 낮추거나 발행주식 수를 줄이는 것이다. 물론 동시에 할 수도 있다. 그러나 실무에서는 액면가를 고정시키고 발행주식 수를 줄이는 방식이 이용되고 있다.

그런데 발행주식 수에 액면가를 곱해도 자본이 되지 않는 경우가 있다. 주식소각이 이뤄진 경우다. 주식소각이란 자본은 그대로 두고 발행주식 수만 줄이는 것을 말한다. 액면가도 변하지 않는다. 따라서 주식소각이 이뤄진 경우 발행주식 수에 액면가를 곱하면 자본이 되지 않는다.

발행주식 수 × 액면가 ≒ 자본금

주식소각이 이뤄진 후 자본을 발행주식 수로 나누면 액면가는 올라간다. 그렇다고 주권에 기재되는 액면가가 변경된 것은 아니다. 액면가는 그대로 고정된다.

주식소각은 두 가지 방법으로 이뤄진다. 상환주식의 현금 상환이 이뤄진 경우와 이익소각에 따른 주식소각이 이루어진 경우다. 상환주식은 처음부터 없애는 것을 전제로 발행된 주식이다. 상환주식을 상환할 때 현금이 지급되지만, 이는 이익잉여금의 현금이지, 자본에서 직접 상계되지 않는다. 이 경우 발행주식 수는 줄어들지만, 자본은 변하지 않는다.

이익소각은 자사주를 매입해 소각하는 방법을 말한다. 상환주식의 상환과 이익소각의 차이는 주식에서 찾아볼 수 있다. 상환주식은 반드시 우선주로 발행된다. 반면에 이익소각은 우선주든 보통주든, 가리지 않는다.

주식소각은 주식시장에서의 유동주식 수를 줄여 주가 상승을 꾀하려는 목적으로 이뤄진다. 물량감소를 통해 주가를 관리하고자 하는 것이다. 주식소각은 기업들이 배당을 할 수 있는 이익범위 내에서 이뤄진다. 배당재원이 사용됐기에 배당으로 보는 의제배당으로 간주된다.

제3자 배정
기업지배권은 절대적이지 않다

주주는 기본적으로 자기 지분을 유지할 권리가 있다. 회사가 새로 발행하는 주식은 주주가 보유하고 있는 주식 수에 따라 배정받을 수 있다. 그런데 증권거래법 따위의 특별법이나 정관에 의해 자기 몫을 챙기지 못하는 경우가 있다. 바로 제3자 배정으로 신주를 발행하는 경우다. 신주라고는 하지만, 무상증자를 통한 주식은 기존 주주에게 똑같이 나눠지기에 별다른 문제가 없다. 그러나 자금 납부가 요구되는 유상증자를 할 경우, 제3자 배정방법이 등장하게 된다.

제3자라 함은 기존 주주가 아닌 사람이나 법인을 말한다. 제3자는 종업원·임직원·외국인·일반인·특정인 등으로 구분된다. 종업원은 종업원지주제도에 따라 신주발행 물량의 20%를 우선 배정받을 수 있다. 주주에게 배정하는 유상증자라고 해도, 종업원은 이 물량만큼 우선적으로 가질 수 있다. 임직원이 제3자 배정방식으로 신주를 받는 경우는 스톡옵션 제도를 도입할 때다. 스톡옵션은 회사가 거둔 성과에 따라 주식을 인수할 수 있는 권리를 말한다.

일반인은 기존 주주를 배제하고 불특정 다수를 대상으로 주식을 공모할 때 주식을 받을 수 있다. 물론 기존 주주도 일반인에 포함됨으로써 신주를 받을 수 있다. 해외자금을 필요로 하는 기업은 주식을 대신하는 주식예탁증서(Deposit Receipt : DR)를 발행해 외국인을 주주명부에 올릴 수 있다.

기업이 DR 발행을 통해 외국자금을 조달할 때 주주들은 잠재매물을 염두에 두어야 한다. 주식예탁증서가 국내에 들어와 주식으로 바뀔 수 있기 때문이다. 특히 국내 주가가 외국보다 높을 경우 주식으로 전환될 가능성이 크다. 수수료 등 비용이 수반된다는 점에서 국내와 외국과의 가격차이가 커야 할 것이다. 환율 또한 중요한 변수로 작용한다.

제3자 배정은 반드시 정관에 규정되어 있어야 한다. 주주총회의 특별결의를 거친다는 이야기다. 제3자 배정으로 기업지배권이 바뀌게 될 수 있기 때문에 주주 다수의 동의가 필요하다.

특별결의는 주주총회 참석 주식 수의 과반수 이상이 찬성해야 하며, 찬성 주식 수가 전체 발행주식 수의 3분의 1을 넘어야 한다. 주주총회의 특별결의에는 정관 변경 외에 해안 · 합병 · 이사 및 감사 해임 · 자본감소 등이 해당된다.

참고로 보통결의는 주주총회 참석 주식 수의 과반수 이상이 찬성하고, 찬성 주식 수가 전체 발행주식 수의 4분의 1을 웃돌아야 성립된다.

액면분할
나눈다고 해서 파이가 커지는 것은 아니다

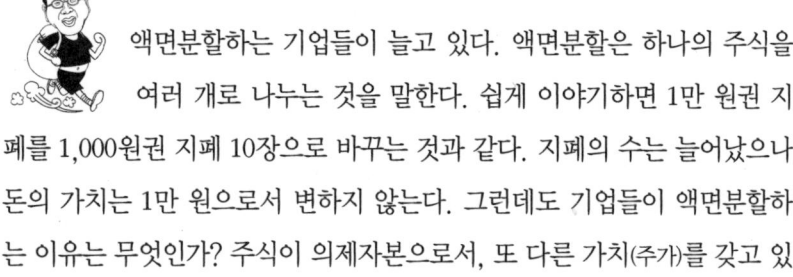

액면분할하는 기업들이 늘고 있다. 액면분할은 하나의 주식을 여러 개로 나누는 것을 말한다. 쉽게 이야기하면 1만 원권 지폐를 1,000원권 지폐 10장으로 바꾸는 것과 같다. 지폐의 수는 늘어났으나 돈의 가치는 1만 원으로서 변하지 않는다. 그런데도 기업들이 액면분할하는 이유는 무엇인가? 주식이 의제자본으로서, 또 다른 가치(주가)를 갖고 있기 때문이다.

이렇게 설명해보자. 1,000만 원을 갖고 있다. 주가가 각각 1만 원과 100만 원인 주식 중에 하나를 산다고 하자. 대부분의 일반투자자들은 1만 원짜리 1,000주를 매수한다. 주가가 100만 원인 주식 10주를 사는 사람은 드물다. 왜 그럴까?

우선 수량으로 보면 많은 게 포만감을 줄 것이다. 아울러 1만 원권 주식이 100만 원권 주식보다 가볍게 움직일 수 있다. 똑같이 10% 오르려면 1만 원권 주식은 1,000원만 오르면 된다. 반면에 100만 원권 주식은 10만 원이 올라야 한다. 더구나 일반투자자들은 밑천이 적다. 대체로 주가가 낮은 저가주를 선호한다. 이러한 성향을 노리는 기업들이 주식분할을 한다.

그런데 주식에는 액면가와 달리 매매가격인 주가가 있다. 의제자본으로서의 액면가와 달리 거래가격이 따로 형성되고 있다. 액면분할을 하면 주가도 그만큼 낮게 조정된다. 액면가가 5,000원인 주식의 가격이 20만 원이라고 가정하자. 1주를 10주로 분할하면 액면가는 5,000원의 10분의 1인 500원이 된다. 주가 역시 10분의 1인 2만 원이 된다. 액면분할 전에 이 주식을 갖고 있는 주주의 가치는 변화가 없다. 액면분할로 주가는 크게 낮아지지만, 주식 수가 늘어나기 때문에 실제 시장가치는 같다. 나눈다고 해서 파이가 커지지는 않는 것과 같은 이치다.

기업들은 유동성을 높이기 위해 주식분할을 한다. 나아가 개인투자자들을 좀더 폭넓게 끌어들여 주가 상승을 노린다. 특이한 현상은 액면분할을 하기 전에 주가가 오른다는 점이다. 오히려 액면분할을 한 후 발행주식 수가 늘어나면 주가는 조정을 받는다.

그런 점에서 유동성을 높이면 기업들의 당초 목적이 무색해진다. 특히 주가가 기업가치를 통해 결정된다는 전통 이론에 따르면, 액면분할은 투자자를 기만하는 것에 불과하다. 발행주식 수가 늘어나면 주주가 늘어난다. 주식관련 업무가 크게 늘어나는 점도 액면분할의 단점이다.

액면병합
조각난 파이는 합쳐도 크기가 같다

　　　　액면병합은 액면분할의 반대개념이다. 여러 개의 주식을 하나로 묶는 것을 액면병합이라고 한다. 주가가 아주 낮아 '누더기' 주식처럼 느껴질 때 액면병합을 하게 된다.

　예를 들어 액면가가 100원인 주식의 주가가 200원이라고 하자. 투자자들이 보는 것은 액면가가 아니다. 주가일 뿐이다. 주가가 어느 정도 낮으면 매력이 있다. 그러나 너무 떨어지면 비지떡과 같은 느낌이 든다. 이 때 액면가 100원짜리 주식 10주를 액면가 1,000원짜리 1주로 만들 수 있다. 그러면 주가는 2,000원에서 출발하게 된다. 이를 액면병합이라고 한다.

　액면병합이 이뤄지면 발행주식 수가 10분의 1로 줄어든다. 그만큼 유통주식 수가 줄어든다. 시장에서 물량이 줄어든 만큼 귀해진다. 귀해진 만큼 주가가 오를 수 있다.

　액면병합에 따라 주당 내재가치(무엇으로 표시하든)는 절대적으로 높아진다. 주당순이익이 10원인 주식이 10 대 1로 액면병합이 이뤄지면, 주당순이익은 100원으로 높아진다. 그런데 주가와 비교한 상대가치는 변하지 않는다는 점에 주의를 해야 한다. 위의 예를 그대로 적용해 PER가 어떻게 변하는지 살펴보자.

주가가 주당순이익의 몇 배인지를 가늠해보는 지표가 PER다. PER는 주가를 주당순이익으로 나눠 산출한다. 액면병합 전의 PER는 200원/10원으로 20배다. 액면병합 후의 PER는 2,000원/100원으로 역시 20배다. 액면병합에 따라 주가의 절대가치는 높아졌으나, 내재가치를 감안한 상대가치는 그대로다.

액면분할이나 액면병합을 놓고 볼 때 주식시장은 참 이상하다. 액면분할은 주가가 비싸기 때문에, 이를 쪼개 팔면 주가가 오른다는 데서 착안됐다. 반면에 액면병합은 주가가 너무 싸기 때문에, 이를 합치면 무게(?)가 있어 상승한다는 데 근거를 두고 있다. 생각해보면 참으로 신기하다. 어쩌면 주식투자를 이성적으로 설명하려는 자체가 바보짓인지도 모르겠다.

우선주에는 가짜가 많다

현재 주식시장에서 거래되는 주식에는 두 종류, 즉 보통주와 우선주가 있다. 이들은 어떻게 구분되는가? 어느 회사가 한 가지 주식만을 발행한다면, 그것은 보통주다. 보통주의 조건이 어떻든, 상관이 없다. 주식회사가 발행한 주식의 종류가 하나일 때는 보통주라고 한다. 그런데 이 보통주와 비교해 배당 따위의 권리가 보통주보다 우선하는 경우, 이를 우선주라고 한다.

많은 사람들은 우선주라고 하면 의결권이 없으며 보통주보다 배당을 조금 더 받는 주식을 떠올린다. 이는 틀린 개념이다. 우선주는 말 그대로 권리가 보통주보다 우선(앞서는)하는 주식이다. 순서가 앞서는 게 바로 우선주다. 여기에서 말하는 순서란 배당이라든가 잔여재산 배분 등의 분배 순서를 말한다.

기업이 우선적으로 배당을 해야 하는 주식이 있다면, 그게 바로 우선주로서 배당우선주가 된다. 이 경우 우선주가 배당을 먼저 받고, 남는 게 있으면 보통주가 받게 된다. 그런가 하면 잔여재산을 먼저 받는 경우도 있다. 잔여재산은 회사가 청산할 때 부채를 제외하고 남는 재산을 말한다. 마찬가지로 우선주가 먼저 받고, 남으면 보통주가 받는다. 이처럼 순서가 앞서는 주식이 우선주다. 배당이 많고 적음은 따지지 않는다.

대체로 우선주는 기업의 자금조달이 원활하지 않을 때 발행된다. 자금시장이 어려울 때, 자금을 끌어들이기 위해 특혜를 약간 주는 것이다. '먼저'라는 특혜를 부여한 게 우선주다.

우선주의 반대개념으로서 후순위를 생각해볼 수 있다. 후순위채권을 생각하면 쉽게 이해할 수 있다. 회사가 해산할 때 일반 채권이 잔여재산을 먼저 챙기고, 남는 게 있으면 후순위채권이 갖는다. 잔여재산을 받는 순서가 보통 채권보다 나중인 채권이 바로 후순위채권이다. 따라서 순서가 늦는 만큼 후순위채권의 수익률은 일반채권보다 높은 게 일반적이다.

현재 거래소시장에 상장돼 있는 우선주는, 대부분 보통주보다 배당을 1%포인트 더 받는 주식이다. 배당 순서가 앞선 게 아니라 배당을 보통주보다 더 받는 주식이다. 실무에서는 흔히 구형우선주라고 한다. 그런데 구형우선주는 진짜 우선주가 아니다. 가짜다. 그러나 과거에 법적으로 인정되어 발행된 주식이다.

가짜 우선주를 처음 발행한 회사는 동양맥주였다. 동양맥주는 1986년 보통주보다 배당을 1%포인트 더 주는 우선주 발행 여부에 대해 법무부에 유권해석을 요구했다. 조금 더 주는 것을 우선한다고 판단한 법무부는 이를 허용했다. 법무부의 유권해석은 "우선주에 1%포인트 배당을 먼저 준다. 그리고 남은 배당을 보통주와 우선주가 똑같이 나눈다고 하자. '먼저' 라는 우선주의 본질을 살린다"라고 판단한 것이다. 이러한 유권해석이 나오자 상장기업들은 적극적으로 우선주를 발행했다.

1980년대 후반 주식시장은 상승국면에 있었다. 주식 수요에 비해 공급물량이 부족했다. 주식을 발행하기만 하면, 가격에 상관없이 그대로 소화가 됐다. 그런데 여기에는 한 가지 보이지 않는 기업들의 농간(?)이 숨어 있었다. 이 때 발행되는 우선주는 배당을 조금 더 주는 대신 의결권을 박탈했다. 물론 배당을 주지 못하면 의결권은 부활된다. 대주주가 우선주를 내다 팔아도 기업지배에 별다른 지장이 없었다. 1% 배당만 더 주면 됐기 때문이다.

보통주에 배당을 주지 못할 정도로 이익이 적거나 손실이 나도, 기존의 적립금으로 1% 배당만 하면 우선주 의결권은 살아나지 않는다. 대주주가 기업지배권을 유지하면서 돈을 챙길 수 있는 절호의 기회인 것이다. 우선주를 발행하는 유상증자에 참여, 주식을 받아 자금을 챙길 수 있는 기회가 대주주들에게 주어졌다. 봇물이 터지듯이 우선주 발행이 러시를 이뤘다. 어느 증권사의 경우 발행주식 수의 50%에 이르는 우선주를 발행해 대주주가 엄청난(?) 차액을 챙기기도 했다.

우선주 발행이 러시를 이루면서, 급기야는 보통주 배당률에 10%를 더 얹어주는 우선주도 등장했다. 보통주 배당률이 10%이면 보통주보다 배당을 1% 더 주는 우선주와 배당이 같다. 그러나 10%를 밑돌면 다른 우선주보다 배당이 적었다. 또 보통주 배당이 없으면 우선주에 대한 배당이 이루어지지 않는다는 점에서, 보통주보다 1%포인트 더 주는 우선주와 차이가 있다. 이들 가짜 우선주는 기업이 소각을 하지 않는 한 영구히 존속한다는 점에서, 주식시장의 골칫거리로 두고두고 남아 있게 된다.

진짜 우선주는 채권형 주식이다

1995년 상법이 개정되면서 우선주의 본질이 회복됐다. 우선주의 '먼저'라는 본질을 법으로 규정했기 때문이다. 우선주를 발행할 때에는 최저배당률을 정하도록 했다.

'최저배당률'이라는 말에 유의할 필요가 있다. 기업이 이익을 내서 배당을 한다면 우선주의 최저배당률을 먼저 충족시켜야 한다. 그러고 나서 보통주에게 배당을 할 수 있다. 결국 우선주에 배당이 먼저 이뤄지게 됐다. 최저배당률은 주주총회 특별결의를 통해 정관으로 정해진다. 시장에서는 흔히 신형우선주라고 한다. 가짜 우선주인 구형우선주와 구분하기 위해서다.

최저배당률이라는 말은 많은 의미를 갖는다. 우선 배당금을 받을 때의 최저 수준을 의미한다. 다시 말해 더 받을 수 있다는 얘기가 된다. 기업이 이익을 많이 올려 배당을 많이 한다고 하자. 정관에 정한 규정에 따라 우선

주가 최저배당을 받는다. 그래도 배당금이 많이 남아 있다면 어떻게 될까? 일단 보통주의 몫이다. 남은 배당에 대해 우선주가 권리를 행사할 수 있는지의 여부가 중요하다. 이를 구분하는 것이 '참가'라는 말이다. 참가적 우선주라면 남은 배당을 보통주와 나눠가질 수 있다. 이 때 중요한 점이 하나 있다. 최저배당률을 충족시킬 때 우선주 배당이 보통주보다 많아지는지의 여부다. 그렇지 않다. 최저배당률 이상의 배당이 이뤄지면, 우선주와 보통주의 배당은 같다. 비참가적 우선주라면 당연히 잔여 배당에 대한 권리를 행사할 수 없다.

'최저'라는 말은 또한 다음과 같은 측면에서 접근해볼 수 있다. 실적이 좋지 않아 배당을 줄 여유가 없었던 기업이, 이듬해 영업이 크게 호전돼 배당을 줄 수 있게 됐다고 가정하자. 그렇다면 예전에 받지 못한 최저배당을 받을 수 있을까?

이를 구분하는 방법은 '누적' 개념이다. 누적적 우선주라면 예전에 받지 못한 배당을 소급해 받을 수 있다. 물론 정관에 정해진 최저 수준만큼이다. 이를 누적적 우선주라고 한다. 비누적적인 우선주는 말 그대로 예전에 받지 못한 최저배당에 대한 권리가 없다.

누적적 우선주라면 기업의 입장에서는, 주식이라기보다는 채권의 성격이 강하다. 최저배당이 이자가 되는 셈이다. 기업으로서는 부담이 될 수 있다. 따라서 우선주의 수명을 한정시킬 수 있다. 다시 말해 일정 기간 동안만 우선주로 인정하고, 그 후에는 보통주로 전환하는 게 기업으로서는 유리하다. 따라서 신형우선주는 대부분 한시적 우선주다. 일정 기간이 경과하면 자동적으로 보통주로 바뀐다. 결국 우선주 투자에서는 최저배당을 비롯해 참가적·누적적·한시적 여부 등을 먼저 따져보아야 한다.

일반적으로 우선주 가격은 보통주 주가의 절반 정도로서, 낮은 편이다. 신형이든 구형이든, 우선주 가격이 보통주보다 낮게 형성되는 주된 이유는, 배당에 대한 투자자들의 관심이 없기 때문이다. 이는 우리나라 투자자들이 단기투자를 하고 있다는 증거다. 아울러 구형우선주와 신형우선주에 대한 주주들의 무지 또한 한몫을 하고 있다.

우선주의 주가가 보통주보다 높은 경우도 있는데, 이는 아주 드문 일에 속한다. 특정인이 우선주를 독점하고 있기 때문이다. 이러한 종목은 거의 매매가 이뤄지지 않고 있다는 사실에 유념할 필요가 있다.

말도 안 되는 시가배당

 '시가배당'은 언론에서 자주 등장하는 말이다. 배당 시즌 또는 주가가 비실비실거릴 때 시가배당 정착을 통해 장기투자를 유도해야 한다는 게 주요 골자다. '시가배당'이란 참 웃기는 얘기다.

먼저 배당의 의미를 살펴보자. 기업이 올린 수익을 자본 참여자에게 나눠주는 게 배당이다. 수익이 많으면 당연히 배당이 많아진다. 수익이 나면 기업은 우선 법정준비금(자본 및 이익준비금)과 임의적립금(주주총회에서 결정)을 쌓아야 한다. 그러고 나서 배당금을 계산한다.

기업으로 계속 존속하기 위해서는 가능한 수익을 기업 내부에 많이 축적하는 게 좋다. 기업의 입장에서 보면 현재의 주주보다는 앞으로의 주주가 더욱 중요하다. 기존 주주들은 이미 회사에 돈을 냈고, 이미 들어온 돈은 나가지 않는다. 따라서 굳이 따진다면 앞으로 필요한 자금을 낼 잠재 주주가 훨씬 중요하다. 이러한 주주를 유혹(?)하기 위해서는 무엇보다도 기업의 내재가치가 높아야 한다.

　내재가치는 주가 수준을 결정하는 주요 요인이다. 시가에서 액면가를 차감한 차액이 바로 그 기업의 프리미엄이다. 프리미엄이 높으면 기존 주주들 또한 배당이 적더라도 신이 난다. 배당과는 비교가 되지 않는 차액을 챙길 수 있는 기회가 있기 때문이다.

　기업이 배당을 적게 주는 또 다른 이유가 있다. 기업이 공개 및 등록을 통해 생판 낯선 사람을 경영에 참여시키는 주된 이유는 필요한 자금을 낮은 금리로 조달하기 위해서다. 이를 위해 반대급부인 대가가 적어야 한다. 다시 말해 배당을 적게 주게 된다.

　이제 시가배당에 대해 얘기해보자. 시가배당이란 주식의 시장가격인 '시가'를 기준으로 한 배당을 말한다. 현재 배당은 액면가를 기준으로 지급되고 있다. 우리가 흔히 보고 듣는 배당률은 액면가를 기준으로 해서 얼마라는 얘기다. 액면가 5,000원인 주식의 배당률이 10%라면 배당금은 500원이다. 배당률 10%는 실세 금리가 한자릿수인 점에 비춰보면 높은 편이다. 그런데 대주주를 제외한 일반 주주들은 이 기업의 주식을 살 때 액면가가 아닌 시가로 매수했다.

　예를 들어 어느 주주가 이 회사 주식을 2만 원에 매수해 배당을 받았다고 하자. 2만 원에 500원이라면 배당수익률은 2.5%에 불과하다. 흔히 말하는 시가배당률은 2.5%가 된다.

　이러한 시가배당률은 배당수익률을 말한다. 시가의 정확한 기준은 주주가 매수한 가격이다. 그런데 실무적으로는 배당 기준일(결산기준일로 따져 3일 전)의 종가를 기준으로 한다.

　실세 금리와 비교할 때 시가배당률은 매우 낮은 편이다. 이는 자연스럽다고 할 수 있다. 기업이 실세 금리만큼 배당을 해야 한다면 굳이 기업을 공개하거나 등록을 할 필요성이 없을 것이다. 은행 등 금융기관에서 빌리면 되는데, 굳이 다른 주주들을 참여시켜 경영간섭을 받는다면, 기업주의 입장에서 골치만 아플 뿐이다. 시가배당이 의무화되면 어느 기업이 공개를 하겠는가!

데드존을 아시나요?

우리나라 기업들도 미국처럼 분기(3개월) 영업실적을 발표하고 있지만, 외부감사인의 재무제표 검토나 감사의견은 없는 실정이다. 일시적으로 기업들이 실적을 부풀려 발표할 수 있는 여지가 있다. 특히 비정상적인 비용을 제외하는 등 '프로 포마(Pro Forma : 특별손익 등을 편의에 따라 가감함으로써 기업의 실적을 부풀리는 편법 회계방식)' 방식의 실적 발표가 선호되고 있다. 이는 투자자들에게 큰 혼선을 주고 있으며, 분기실적에 대한 신뢰성도 떨어지는 편이다. 그래도 3개월마다 기업이 어떻게 돌아가고 있는지를 알려준다는 점에서 주식투자에 큰 도움이 된다고 할 수 있다.

기업들의 분기 실적은 분기 말로부터 45일 이내에 발표된다. 이 실적이 발표된 후부터 현 분기 실적에 대한 예상치가 나올 때까지의 기간을 흔히 '데드존(dead zone)'이라고 한다.

데드존에서는 기업들의 매출이나 순익에 대한 얘기가 거의 없어, 매매가 부진한 게 일반적이다. 주가를 주무르는 증권 애널리스트들의 힘이 가장 강한 시기가 바로 이 때다. 미국에서는 실적 공개 시즌보다 데드존에서의 주가 상승폭이 높은 것으로 관측됐다. 물론 거래도 수반되는 편이다. 데드존이 끝나 전망치가 나오면, 주가는 다시 평상 수준으로 되돌아간다.

이러한 주가흐름은 기업실적에 관한 불확실성이 가장 높은 시기일수록 증권가의 보고서가 시장에 영향력을 발휘한다는 것을 보여준다. 주가가 올라야 애널리스트들은 먹고살 수 있다. 따라서 이들이 시장을 바라보는 관점은 하락보다는 상승에 치우쳐 있고, 매도보다는 매수에 관심이 많다. 이것이 곧 데드존에서의 주가상승 배경이다.

데드존이 지나면 주가는 다시 평상 흐름으로 돌아가는 게 일반적인 현상이다. 한편 데드존에서의 주가하락은 분석가들이 뭐라고 하든, 상승 반전에는 상당한 시간이 걸릴 수 있음을 시사한다는 점을 알아둘 필요가 있다.

가치주와 성장주는 어떤 차이가 있나요?

 "가치주를 찾아라." 이는 2001년 주가가 흐느적거리자, 증권업계의 화두로 떠올랐다. 한 마디로 내재가치에 비해 주가가 낮은 종목에 투자하라는 얘기다. 그런데 가만히 새겨보면 참 웃긴다. 주가는 기본적으로 기업의 내재가치에 따라 결정되는 게 아닌가? 경기의 호·불황에 관계없이 가치주는 항상 대접을 받아왔다. 그런데 가치주를 찾으라니, 엉뚱한 발상이기도 하다.

 가치주에 맞서는 말로 성장주가 있다. 이는 가치주와 무슨 차이가 있을까? 성장주는 말 그대로 기업의 성장성이 예상되어 주가가 오를 것으로 기대되는 주식을 말한다. 성장의 결과인 내재가치가 좋아질 것으로 기대되는 주식으로 보면 된다.

 성장주는 대체로 기업의 미래, 경영자, 업계에서의 지위, 매출액과 이익의 지속적인 증가, 설비투자, 비교적 적은 자본금 등의 요건을 갖추고 있다. 여기에서 투자자들이 성장주를 쉽게 찾을 수 있는 요소가 바로 매출과 수익이다. 특히 성장주는 수익이 적더라도, 또는 당장은 손실을 면치 못하나 빠른 매출 증가를 통해 앞으로 큰 이익의 창출이 기대되는 주식을 가리킨다.

1990년대 말 인터넷 등 대표적인 성장주로 꼽히던 기술주들의 주가가 치솟았다. 상당수의 기업들이 수익모델조차 없는데도, 주가는 하늘 높은 줄 모르고 솟구쳤다. '성장'이라는 말로 당시 주가 급등의 원인이 설명됐다.

이 때 "이 기업의 실적은 어떻습니까?"라고 물으면 "기술주입니다"라는 답이 되돌아온다는 우스갯소리가 있었다. 이를 풀이해보면 "실적은 무슨 얼어죽을 소리인가. 주가만 오르면 됐지"라는 생각이 투자자들을 지배하고 있었던 듯하다. 사실 뚜렷한 근거없이 주가가 올랐으니, 바로 거품 그대로였다. 그런데도 애널리스트나 전략가들은 이들 주가가 계속 오를 것이라면서 매수를 권했다.

성장주는, 당장은 아니더라도 실적으로 결과가 나타나야 한다. 실적이 좋아지면 기업의 내재가치가 좋아진다. 그러면 이는 가치주가 된다. 기업이 성장을 멈추면 정체하거나 쇠퇴하게 된다. 가치가 호전되지 않는다. 따라서 성장이 수반되지 않는 한 가치는 높아지지 않는다. 가치가 높아지지 않으면 기다리는 것은 바로 폭락뿐이다.

이번에는 가치주의 정의를 살펴보자. 본질가치에 비해 주가가 낮은, 이른바 저평가된 종목을 말한다. 따라서 가치주를 구분하려면 본질가치가 무엇을 의미하는지 알아야 한다. 자산가치 · 현금흐름 · 순익 · 배당 · 매출 등이 기업의 본질가치 또는 내재가치를 나타낸다고 할 수 있다. 다시 말해 이들과 주가를 비교해 저평가됐으면 가치주가 된다. 이 때 절대적인 비교가 아닌 상대적인 비교라는 점에 유의할 필요가 있다. 사실 가치주 투자는 보수적인 투자수단이다. 미래가 불투명함으로써 과거에 실적이 좋은 종목을 찾아 주가 수준을 따지기 때문이다.

대체로 경기가 좋지 않아 주가가 하락추세에 있을 때 가치주 선호현상이 커진다. 주가가 일정 수준을 유지하리라는 안전판을 기대하기 때문이다. 주당순자산(청산가치)·주당순이익·주당배당금 등이 바로 안전판으로 등장한다.

이러한 수치들이 높다고 모두 가치주는 아니다. PER를 비롯해 주가매출액비율(PSR) 등을 따져 주가가 다른 종목이나 업종평균 또는 시장 전체보다 낮은 경우, 가치주라고 할 수 있다.

고평가된 주식, 어떻게 알 수 있나요?

우리나라 주식시장에서는 "주가가 과대평가됐다"라는 진단이 좀처럼 나오지 않는다. 다시 말해 주가가 지나치게 높으니까 매도를 해야 한다는 전문가들의 얘기는 듣기 힘들다. 하긴 '매도' 권고를 하면 투자자나 해당기업이 가만 있지 않을 것이다.

미국에서도 전문가들이 매매를 추천한 종목을 조사해보면, 1만 개 가운데 한두 개에 불과할 정도로 아주 드물다. 그것도 유명한 애널리스트가 아니라, 해도 그만, 안 해도 그만인 전문가들이 어쩌다 내놓는다. 주가가 올라야 먹고 사는 사람들인 만큼 찬물을 끼얹을 필요는 없다. 구태여 욕먹을 이유 또한 없을 것이다. 그렇다면 과대평가된 주식은 일반투자자 스스로 판단할 수 밖에 없다.

과대평가라는 절대적인 기준은 없다. 주가는 대중의 심리에 따라 움직이기 때문이다. 시장에 자금이 풍부하면 고가주도 싸게 보이는 게 사람들의 심리다. 그래도 나름대로 과대평가라는 진단을 내릴 수 있는 기준을 살펴보면 다음과 같다.

우선 PSR를 살펴보자. 이는 주가를 주당매출액으로 나눈 비율이다. 대체로 10을 넘으면 주가가 높다고 할 수 있다. 주당매출액은 1년 동안 매출액을 발행주식 수로 나눠 산출한다. 따라서 10은 매출을 10년 정도 내다본 것이다. 다시 말해 현재 영업력을 10년 정도 인정한 것이다. 10년 주기로 새로운 사업이나 상품 개발을 요구하고 있다고 할 수 있다.

물론 첨단기술인 경우 이 비율이 낮아질 수 있다. 첨단기술일수록 기술 개발이 빠르게 이루어지기 때문이다. 이 비율이 10을 넘어서면 매출 증가에 대한 기대가 지나치게 높은 것이다.

따라서 매출 증가가 기대에 미치지 못하면 주가는 폭락할 위험이 있다. 주의할 점은 소형기업의 경우, 드물기는 하지만 성장 잠재력이 대형기업보다 클 수도 있다는 점이다.

PER는 시가총액을 순이익으로 나눠 산출한다. 흔히 주가를 주당순이익으로 나눠 계산한다. PER는 40을 한계점으로 보는데, 이 또한 절대적인 기준은 아니다. 이 비율이 40이라는 얘기는 순이익의 40배만큼 자본을 투자할 수 있다는 의미다. 이를 거꾸로 살펴보자. 순이익은 기업이 1년 동안 벌어들인 수익이다. 40년 동안의 미래 수익을 보고 투자를 한 것으로 생각해볼 수 있다.

가치투자로 이름을 날렸던 미국의 존 템플턴(John Templeton)은 낮은 PER를 가치주의 최우선 선정 기준으로 잡는다. 템플턴의 주가수익비율 기준치는 75로 알려져 있다. 75 이상은 극단적인 수치로 보고 배제한다. 또한 현재의 PER가 5년 동안의 연간 PER와 비교해 낮은 기업을 투자 대상으로 꼽았다고 한다.

  주가의 고평가 여부는 하나의 잣대보다는 여러 가지 기준을 통해 판단하면 더욱 정확해질 수 있다. 예를 들어 PSR가 10을 웃도는 동시에, PER가 40 이상인 종목이 고평가됐다고 생각할 수 있다.

총기본적 가치로 좋은 주식 고르는 방법

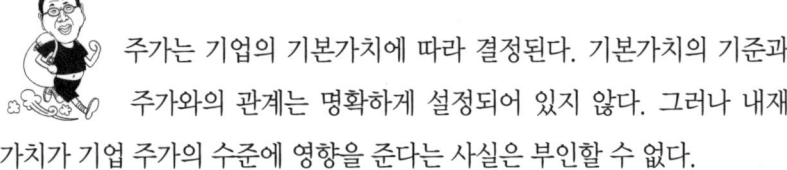 주가는 기업의 기본가치에 따라 결정된다. 기본가치의 기준과 주가와의 관계는 명확하게 설정되어 있지 않다. 그러나 내재가치가 기업 주가의 수준에 영향을 준다는 사실은 부인할 수 없다.

 전통적인 주가의 가치평가방법은 배당에 기초를 둔다. 그러나 점차 주가 수준이 높아지면서 배당 비중이 줄어드는 대신, 매매차익이 투자 목표가 된다. 이에 따라 기업가치의 평가방법 또한 배당에서 벗어나 기업의 내재가치로 무게중심이 이동하고 있다.

 영어로 기업은 'Going Concern'이라는 표현을 쓰기도 한다. '계속기업'이라는 의미다. 즉 기업은 수익을 올리면서 성장을 해야 한다는 뜻이다. 기업수익이 배당의 재원인 점을 감안하면, 수익을 기준으로 한 내재가치가 주가에 많은 영향을 준다고 볼 수 있다.

 〈미국개인투자자연합(AAII)〉은 투자 유망종목을 선정할 때 수익과 배당,

그리고 자산을 모두 고려하는 총기본적 가치를 기준으로 삼아야 한다고 조언하고 있다. 아울러 이익주가비율(EPR)·자기자본유보이익률·배당수익률 등을 합한 수치로 총기본적 가치를 정하고 있다. 기업의 총기본적 가치가 25%를 넘으면 일단 투자 유망한 기업으로 판단한다.

내재가치를 중시하는 투자자들은 주가가 낮아도 성장률과 배당률이 높으면 투자를 한다. 여기에서 문제는 높은 성장률과 높은 배당률이 서로 충돌하는 데서 발생한다. 배당이 높으면 내부이익이 작아져 성장이 더뎌진다. 또한 가치 추종자들은 성장률이 높으면 무배당이나 적은 배당을 감수한다. 아울러 저가주에 높은 배당률이나 수익이 많으면 저성장을 용인한다. 이러한 상황을 모두 감안할 때 총기본적 가치에 의거한 종목 선정방식은 설득력이 있다고 할 수 있다.

EPR는 주당순이익을 주가로 나눈 비율이다. 주식투자자라면 누구나 알고 있는 PER의 역수다. 워런 버핏(Warren Buffet)은 EPR가 장기채권 수익률과 비슷한 주식이 투자매력이 높다고 평가했다.

자기자본유보이익률은 순자산가치에 대한 유보이익률로서, 기업성장 정도를 측정하는 가늠자가 될 수 있다. 유보이익을 자기자본(자산 - 부채)으로 나눠 산출한다. 유보이익은 수익에서 배당금을 제외한 것으로서, 외부로 유출되지 않고 기업 내부에 남는 자금이다. 이는 재투자 재원으로서 기업성장의 밑거름이 된다. 자기자본은 순자산이라고 한다. 채무를 갚고 남은 자산으로서 '청산가치' 라고도 한다.

자기자본이익률(ROE)은 자기자본에 대한 수익률을 말한다. 배당을 하지 않으면 ROE가 바로 자기자본유보이익률이 된다. 이 때 부채가 많으면 자기자본이 작아지고 자기자본유보이익률은 커질 수 있다. 이 비율을 이용할 때는 세심한 주의가 필요하다.

배당수익률은 배당을 주가로 나눈 비율이다. 배당금이 많아 이 비율이 높다면, 기업내부유보금은 적다는 얘기가 된다. 즉 성장 원동력이 떨어진다고 할 수 있다.

EPR · 자기자본유보이익률 · 배당수익률로 구성되는 총자본가치가 25%를 웃돌면, 가치는 물론 성장성도 우수한 기업으로 보고 있다. 그러나 때때로 순자산유보이익률이 부채로 인해 과대평가될 수 있으므로, 이를 확인할 필요가 있다. 아울러 주식을 선정하는 데 있어 총기본적 가치에 전적으로 의존하기보다는, 매출 및 순익의 안정성 등 여러 가지 상황을 추가로 살펴볼 필요가 있다.

엽총이 소총보다 낫다

주식투자전략은 크게 두 가지 방법으로 나눠볼 수 있다. 즉 가치투자와 성장투자다. 가치투자 방식은 저평가된 주식에 초점을 맞춘다. 반면에 성장투자 방식은 매출 및 순익이 지속적으로 증가하는 주식을 겨냥한다.

순수한 가치투자나 성공투자는 실제로 존재하지 않는다. 단지 어느 쪽에 무게중심을 두는지에 따라 차이가 있다. 성장 없는 가치주는 없으며, 가치 없는 성장주 또한 없다. 따라서 영업실적이 호전되고, 주가도 고평가되지 않은 주식을 찾으면 투자가 쉬워진다는 결론을 내볼 수 있다.

즈웨이그 펀드의 마틴 즈웨이그 회장은 〈미국개인투자자연합〉(2001년 9월호)에 자신의 투자전략을 소개했다. 그는 순익 및 매출증가율이 건실하며 성장률 대비 PER가 적절한 기업에 투자하는 전략으로 명성이 높다.

즈웨이그의 주식 선별방법은 엽총방법(Shotgun Appoach)과 소총방법(Rifle

Approach)으로 구분된다. 엽총은 산탄총이라고 한다. 무수한 탄알 중 하나만 표적에 맞으면 된다는 느낌을 준다. 반면에 소총은 정조준하는 느낌을 들게 한다. 실제로 소총을 뜻하는 'Rifle'이 동사로 사용될 때는 '샅샅이 뒤지다'로 해석된다.

엽총방법은 공개적으로 알려진 정보를 이용한다. 여기에 사전에 정해진 기준을 통해 주식을 골라낸다. 개인투자자들이 많은 종목을 접할 수 있는 것이 이점이다. 아울러 특정 기업을 분석하는 데 시간이 많이 걸리지 않는다. 반면에 소총방법은 몇몇 주식을 심도 있게 분석하는 방법이다. 기업과 기업이 속하는 산업도 분석한다. 회계분석은 기본이고 경제적 여건까지 낱낱이 조사한다. 주식시장 전체에 대한 분석도 요구된다. 일반사람들에게는 어려운 방법이다. 따라서 개인투자자에게는 엽총이 소총보다 낫다고 할 수 있다.

성장하며 가치 있는 주식이 좋은 주식이다. 따라서 성장성을 우선 검토한 다음 주가 수준을 판단해보아야 할 것이다. 먼저 순익과 매출이 이전 분기보다 늘어나야 한다. 물론 전년동기 대비도 증가세를 보여야 한다.

여기에 증가세가 상승하면 더욱 좋다. 순이익증가율이 2년 연속 증가하면 일단 좋은 주식범위에 들어간다. 매출증가율과 순익증가율이 비슷한지도 살펴봄으로써 영업실적이 건실한지의 여부를 확인한다.

이제는 주가 수준을 조사할 차례다. 우선 PER를 본다. 시장 전체 PER와 비교해 비슷하면 된다. 시장과 개별종목 간의 상대 강도를 비교해 시장보다 상승률이 빠른 주식을 선정한다. PSR도 살펴볼 필요가 있다.

기본적 분석은 학자 간 지식싸움의 결과일 뿐이다

기본적 분석은 주식의 내재가치를 조사해 미래 주가를 예측하는 기법이다. 내재가치를 파악해 미래의 적정 주가를 예측한다. 적정 주가가 현재 주가보다 낮으면 고평가된 것으로 보고 매도한다. 반대로 주가가 예측된 적정 주가를 밑돌면 매수한다.

내재가치는 경제분석·산업분석·기업분석이라는 과정을 통해 기업의 이익을 추정하고 평가한다. 거시경제변수를 파악해 주가흐름을 예측하고, 산업동향을 조사해 유망산업을 찾아낸다. 경제분석과 산업분석, 그리고 개별기업 분석을 통해 미래 수익성을 측정하고 유망종목을 선정한다.

기본적 분석은 질적 분석과 양적 분석으로 구분된다. 질적 분석은 정치·경기·산업동향·노사문제·경제정책·경영자의 능력 등 계량화가 불가능한 환경에 초점을 맞춘다. 양적 분석은 경제지표·산업지표·재무지표 등에 계량화할 수 있는 수치를 통계 처리하는 방법이다.

그런데 주가는 재무상황에 맞춰 같은 방향으로 움직이지 않는다. 특히 회계처리의 다양화는 적정 주가 산출에 걸림돌로 작용한다. 주가가 계량화할 수 없는 심리적 요인에 따라 결정된다는 점도 기본적 분석의 한계다. 1990년대 후반 이익은커녕 매출도 없는 인터넷주들이 급등한 점을 생각해보면 쉽게 이해할 수 있다.

기본적 분석은 주로 많이 배운(?) 사람들이 한다. 증권가의 전문가는 일반사람들보다 학문적 배경이 뛰어나다. 내재가치를 판단하는 기준은 역시 미래 수익이다. 미래 수익으로 대표되는 내재가치와 주가는 매우 밀접한 상관관계가 있다. 미래 수익에서 배당을 예상할 수 있다. 미래 배당은 또 현재가치로 환산이 가능하기 때문에 현재가치를 구할 수 있다. 이 가치가 현재 주가보다 높으면 매수하고, 낮으면 매도하는 게 기본적 분석의 골자다. 그러나 사실상 미래 수익을 예측하기란 불가능하다.

기존의 방식에 따라 내재가치와 주가가 맞물려 들어가지 않으면, 학자들과 전문가들은 새로운 기법을 만들어내고 새로운 분석을 시도한다. 물론 결론은 기존 분석이 잘못됐거나 틀렸다는 것을 내세운다. 이런 관점에서 보면 기본적 분석은 학자나 전문가들이 "내가 잘 났다"라고 떠드는 얘기라고 할 수 있다. 학자들에게 "그렇게 미래가치에 대해 잘 알면 주식투자를 해서 한몫 잡지, 왜 배고픈 학자 생활을 하는가?"라고 물어보면 쉽게 답을 구할 수 있다.

'예상 가능한 모든 변수와 시나리오를 점검하라.' 그 네번째 메모
투자의 변수 체크하기

누구나 흐린 날보다 맑은 날을 좋아한다. 주식시장도 그럴까?
답은 물론 '그렇다'다. 흐린 날보다 맑은 날의 주가 수익률이 높다는 연구결과가 있다.
실제로 뉴욕 증시의 경우, 맑은 날의 연간 환산 수익률은 24.8%로서
흐린 날의 8.7%를 크게 웃돌았다. 이들은 맑은 날이 투자자들의 기분에
영향을 주어 주가에 호의적으로 반영된다고 설명했다.
반면에 눈이나 비는 수익률에 좋지 않은 영향을 준다고 한다.

경기전망, 어렵지 않다

IMF 외환위기를 겪으면서 대체로 유식(?)해졌지만, 아직도 사람들은 대부분 '경제'라는 말만 들어도 고개를 흔든다. 이해하기 어렵기 때문이다. 하물며 경제전망은 말할 것도 없다. 현재 상황도 모르는데, 앞으로의 전망을 묻는 사람이 바보일지도 모른다.

경제전망은 복잡할 수도 있다. 실제로 노벨 경제학상을 받은 경제학자들과 어마어마한 처리능력을 자랑하는 컴퓨터를 동원한다 해도, 경제전망은 정확하지 않다.

여기에서 중요한 점은 복잡하다고 해서, 그 전망이 정확하다는 의미는 아니라는 것이다. 의외로 누구나 간단하게 예측할 수도 있다. 소비지출, 기업지출, 세계경제 상태 등만 파악하면 경제흐름을 대충 짚어볼 수 있다.

◎ 소비지출

소비자들의 씀씀이를 말한다. 소비증가는 기업생산을 유발한다. 이는 국내총생산(GDP)으로 표현되며 경제성장 변화를 감지할 수 있다. 흔히 백화점 매출이 자주 이용되는데, 이는 통계 집계가 빠르고 비교적 정확하기 때문이다.

자동차 매출·주택가격 동향 등을 통해서도 소비 동향을 알 수 있다. 기업들의 인력채용·증권시장·에너지 등의 가격 동향 또한 소비에 영향을 준다. 소비자 기대지수와 같은 여러 가지 지표도 있다. 소비가 늘어난다고 해도 살펴볼 사항이 있다. 바겐세일(bargin sale)의 여부다. 또는 무이자 할부 등과 같은 소비 유인책이 있는지를 파악해볼 필요가 있다.

소비는 기본적으로 임금을 근간으로 한다. 임금이 늘어나면 소비가 증가하는 게 일반적이다. 따라서 임금인상이 소비증가에 영향을 준다. 그러나 수요증가는 물가상승을 이끌어내기 때문에, 장기화되면 결국 소비는 위축된다.

◎ 기업의 자본지출

업계 투자 또한 경기와 밀접한 관계가 있다. 설비·건설·IT 투자 등이 주요 변수다. 공장의 가동률은 설비투자에 영향을 준다. 가동률이 낮으면 그만큼 팔리는 물건이 줄어든다. 투자가 줄어드는 것은 물론이다. 기업수익 악화 또한 기업투자를 가로막는다. 기업지출에서 무엇보다 중요한 요인은 기업 경영진들의 심리다. 기업 경영진이 자본지출을 결정하기 때문이다. 기업실사지수(BSI) 등을 참조할 만하다.

경제에서는 기업지출보다 소비지출이 차지하는 비중이 훨씬 높다. 특히 자본지출은 앞으로의 경제 활성화를 가늠하는 잣대다. 경기침체 및 회복의 결정적인 요인이 된다. 기업들의 자본지출이 줄어들면 경기 회복은 더욱 어려워진다.

◎ 전세계 경제 동향

세계경기는 미국·유럽·일본 등 크게 세 개의 축으로 나눠볼 수 있다. 나머지는 개발도상국으로 보면 큰 무리가 없다. 미국은 세계 각국의 수출 대상국이자, 세계경제의 주축이다. 따라서 미국의 경기 동향을 가장 중시해야 한다. 우리나라를 비롯해 세계 각국의 주가가 미국 주가와 동조하는 근본적인 이유가 바로 여기에 있다.

일본은 1990년 이후 장기 불황 상태에 빠져 있고, 미국과 유럽이 그나마 세계경제를 지탱해왔다. 개발도상국에서는 동남아시아와 남미를 예의 주시할 필요가 있다. 태국은 1997년 세계 금융위기를 초래한 바 있고, 2001년에는 아르헨티나의 금융위기가 개발도상국들에 대한 불안감을 야기하기도 했다.

세계경기를 파악할 때는 전염(감염)을 의식해야 한다. 한 나라의 위기가 다른 나라로 전파되는 게 감염효과다. 국제화 또는 세계화가 진전된 결과다. 국제교역의 확대, 공급망의 세계화, 다국적기업의 역할 증대 등이 주된 전염경로다.

감염효과와 관련해 '데킬라 효과'라는 말도 알아두면 좋다. 데킬라는 멕시코의 전통 술이다. 1994~95년 멕시코의 페소화(貨) 위기가 미국경기에 영향을 미친 것을 말한다.

멕시코는 미국과 지리적으로 인접해 있어 미국의 자회사가 많이 있다. 페소화 위기와 더불어 이들 자회사의 실적이 악화되면서 미국의 주가 또한 흔들렸다.

일본이 장기 불황에 빠지면서, 상대적으로 중국의 중요성이 높아지고 있다. 2001년 중국의 세계무역기구(WTO) 가입은 세계경기 축을 다시 분할해야 한다는 지적이 나올 정도로 강한 위력을 보이고 있다. 중국은 인해전술(人海戰術)이라는 말로 상징되듯, 인구가 많다. 이는 값싼 노동력을 제공함과 동시에 소비시장의 규모가 엄청나다는 의미다. 그러나 2002년 이래로 급성장에 따른 주가·부동산 등에서 거품론을 제기하는 소리가 높아지고 있다.

일상생활에서 경기를 가늠하자

가끔 택시를 타면 기사한테 꼭 한 마디 물어본다. "요즘 잔돈이 모자라지 않습니까?" 이러한 질문의 의도는 경기의 흐름을 알기 위해서다. "잔돈이 모자랍니다"라는 답을 하면 요금을 1만 원권으로 내는 사람들이 많다는 얘기다. 이는 승객들의 주머니 사정이 좋다는 의미로서, 경기가 좋다고 볼 수 있다.

"집에 들어갈 때 정산을 해보면 맨 1,000원짜리입니다"라고 하면 경기는 '그다지 좋지 않다'라는 의미다. 단거리 이용객이 많으며 장거리 이동은 피한다는 이야기가 되기 때문에, 경기가 좋지 않다고 풀이해볼 수 있다. 이처럼 경기는 경제성장률·금리·물가 등과 같은 거시지표로만 알 수 있는 게 아니다. 우리 주변 상황이 바로 경기흐름을 알려준다.

일반적으로 경기가 나빠지면 영화관을 찾는 사람이 늘어난다. 영화가 좋으니 관객이 늘어나는 것일 뿐, 경기와 무슨 상관이 있느냐고 반문할 수도 있다. 그러나 돈벌이가 좋지 않으면 현실을 도피(?)해, 저렴한 비용으로 즐거움을 느낄 수 있는 극장을 찾는 사람들이 많아진다고 한다.

새 영화를 상연하는 개봉관보다는 재상영관에 사람이 몰리는 경향도 있다고 한다. 경기가 부진하면 실업자가 늘어난다. 집을 나와서 시간 죽이기에는 영화관 만한 게 없을 게다. 그것도 개봉관보다는 조금은 싼 재상영관이 훨씬 경제적일 것이다. 최근에는 PC방이 유행하고 있다. 따라서 앞으로는 PC방 이용자를 기준으로 경기를 가늠할 수 있을 것이다.

유행하는 색깔 역시 경기와 일정한 관계가 있다. 밝은 계통의 색이 유행하면 일반적으로 경기가 좋다. 어두운 색이 유행하면 그렇지 않다. 특히 여성들의 옷에서 이러한 감각을 찾아볼 수 있다. 검은색이 유행하면 경기가 좋지 않다. 경기가 죽어 조의를 표하려는지는 모르겠다. 여성의 옷 이야기가 나온 김에 치마 이야기를 해보자.

치마의 길이가 짧아지면 짧아질수록 주가는 상승 추세를 더하는 것으로 나타나고 있다. 특히 여자들의 각선미 노출이 크면 클수록 주가는 몸이 달아오르듯이 상승한다. 이를 확대 해석하면 여자들의 노출이 심하면 심할수록 주가는 오른다는 얘기가 된다.

이러한 현상에 대해 사회학자들은 경기 호전이 여성들에게 자신감을 심어주고 용기를 북돋아주기 때문이라고 여긴다. 한편 돈이 풍족한 탓에, 옷감이 적게 들어가는 옷이라도 비싸게 사는 여자들의 허영심 때문이라는 지적도 있다.

치마 길이가 짧아지면서 노출되는 허벅지 선이 높아질수록 주가도 오른다. 그런데 치마가 올라가는 데는 한계가 있다. 주가도 그럴까?

립스틱이 잘 팔리면 경기침체

매춘 여성은 절대로 키스를 하지 않는다는 말을 들은 적이 있다. 마지막 남자를 위해 남겨놓기 위해서라는데…. 이 말이 맞는지 틀리는지는, 알 수 없다. 그런데 여성의 입술이 경기와 관련이 있다고 한다. 립스틱이 잘 팔리면 경기는 침체국면에 들어섰다는 것이다.

경기 침체기에는 소비가 줄어든다. 당연히 여성들의 화장품 수요도 감소한다. 그러나 립스틱만은 예외적으로 잘 팔린다고 한다. 왜냐하면 소득감소로 사치품에 대한 지출을 줄이더라도, 립스틱은 다른 화장품에 비해 가격이 저렴해, 가장 늦게 소비가 줄어들기 때문이다. 그리고 여성이 가장 간단하게 얼굴을 치장할 수 있는 화장품이기도 하다. 흥미로운 것은 화장대에 립스틱이 많이 있어도 여자들은 또 산다고 한다. 달리 보면 필수품이 되는 셈이다.

경기 침체기에 립스틱이 잘 팔린다는 주장은 유명한 여성 화장품회사인

네번째 메모 | **투자의 변수 체크하기**

에스티 로더(Estee Lauder)의 레오너드 로더(Leonard Lauder) 회장이 처음으로 언급했다. 이러한 사실을 잘 알고 있는 에스티 로더는 2001년 9·11 테러 발생과 더불어 립스틱 생산을 확대, 늘어나는 수요에 대비했다. 실제로 9·11 테러 이후 3주 동안 립스틱 판매는 전년 같은 기간에 비해 12%나 증가했다. 그런데 민항기가 테러에 이용되면서, 항공기를 통한 국제여행은 크게 줄었다. 이는 면세점에서의 화장품 매출 감소를 가져왔다.

　유통업계에서는 남성 정장이 잘 팔리면 경기가 좋아지고 있다고 판단한다. 남성복은 여성복에 비해 유행에 둔감하며, 오랫동안 입는 사람들이 많다. 특히 남성 정장은 주로 새로 취업을 한 사람들이 많을 때 잘 팔리는데, 취업자의 증가는 곧 기업들의 활동이 호전된다는 신호로서, 경제도 그만큼 좋아지고 있다고 해석할 수 있다.

박세리가 우승하면 주가는 상승?

2001년 11월 말 이래로 미국 기업들의 수익 전망은 계속 악화되고 있었다. 당시 미국 맨해튼의 국제무역센터에 대한 이슬람 과격세력의 테러에 대한 보복전이 마무리 단계에 접어들고 있었으나, 전쟁과 관련된 불확실성은 여전히 높았다. 소비자 신뢰지수도 계속 약화되고 있었고, 기업들의 고용도 부진했다.

2002년 3월 전미경제연구소(NBER : 경기 주기를 공식적으로 결정하는 민간기구)는 미국 경기가 침체기에 접어들었다는 선언을 공식적으로 발표했다.

전반적으로 보면 미국 경기에 대한 불안감은 큰 편이었다. 그러나 주가는 9·11 테러 이후 급락세에서 벗어나 강한 회복세를 보이고 있었다. 이러한 상황에서 〈포천(Fortune)〉은 10가지 이유로 들어 미국 경제를 낙관했다. 이를 한번 살펴보자.

◎ **자동차 부문 호조**

무이자 대출판매 등은 자동차회사의 수지에 악영향을 줄 수 있다. 그러나 경제의 다른 분야에 호재로 작용한다.

◎ **과잉재고 해소**

호황기에 창고를 채우는 데 열심이던 기업들이 재고 감축에 노력하고 있다. 재고 해소가 몇 년이 아닌 몇 개월 만에 끝날 것이라는 전망이 나올 정도로 빠르게 진행되고 있다.

◎ **겨울 날씨**

미국 기상청에 따르면 2002년 겨울과 그 이듬해 기후가 온난해, 경기 활성화에 기여할 것으로 기대된다.

◎ **중국의 WTO 가입**

중국에 대한 미국 수출이 2004년까지 연간 54억 달러씩 증가할 것으로 전망된다.

◎ **에너지 가격 하락**

에너지 가격이 배럴당 1센트씩 하락할 때마다, 10억 달러어치의 경기 부양효과가 있다.

◎ **마이클 조던의 복귀**

농구선수 마이클 조던(Michael Jordan)이 코트로 다시 돌아오면서, 100억 달러의 경기 부양효과가 기대된다.

◎ **반도체**

2000년 경기침체는 반도체 산업의 불황으로 인한 요인이 매우 컸다. 그러나 반등할 것으로 예상된다.

◎ **주택**

저금리 상황이 지속되면서, 기존의 주택대출자금을 저리 자금으로 다시 바꾸는 리파이낸싱이 활발해졌다. 금리차로 인해 자금의 상당 부분이 경제부문에 유입된다.

◎ **밸류라인**

투자자문회사인 밸류라인은 포트폴리오 중에서 주식 비중을 90%로 높이도록 권고하고 있다. S&P 500지수가 앞으로 6개월 동안 32% 상승할 것으로 전망하고 있다.

◎ **그린스펀 효과**

미국 FRB 의장 앨런 그린스펀(Alan Greenspan)이 연방기금 금리를 40년 이래 최저 수준으로 낮췄다. 이에 따라 경제 패닉(panic)은 없을 것이다.

〈포천〉의 전망은 이해하기 어려운 경제용어나 수치를 동원하기보다는 비교적 쉬운 예를 통해 설명하고 있다. 경제를 내다보는 관점이 매우 단순하다는 사실을 알 수 있다. 특히 농구선수 조던이나 그린스펀 의장이라는 스타의 등장은 눈길을 끌기에 충분하다.

한 개인이 경기 회복에 크게 기여할 수 있다는 사실 자체가 부럽기만 하다. 우리에게도 박세리가 미국 여자프로골프(LPGA) 대회에서 우승하면 주가도 좋아진다는 얘기가 있다. 물론 이 같은 사실은 검증되지 않았다. 그러나 박세리 선수가 투자회사에 출자를 하고 있는 점을 감안하면, 뭔가 연결고리가 있는 듯싶다.

일본에서 활약하던 이종범이 국내 리그로 다시 돌아오면서 프로야구 관중이 늘어났다. 아직은 미약하지만, 우리에게도 경기에 영향을 줄 만한 스타가 나올 가능성은 있다.

선더멘털과 푼더멘털을 아시나요?

누구나 흐린 날보다 맑은 날을 좋아한다. 주식시장도 그럴까? 답은 물론 '그렇다'다. 흐린 날보다 맑은 날의 주가 수익률이 높다는 연구결과가 있다.

미국 오하이오 주립대학의 데이비드 허시라이 교수와 미시간 대학의 타일러 셤웨이 교수는 1982~97년까지 뉴욕 시장을 비롯한 26개 주식시장을 대상으로 날씨와 주가의 관계를 조사했다. 그 결과, 맑은 날의 주가가 흐린 날의 주가보다 상승폭이 크다는 사실이 밝혀졌다. 다시 말해 맑은 날의 수익률이 높다는 얘기다.

실제로 뉴욕 증시의 경우, 맑은 날의 연간 환산 수익률은 24.8%로서 흐린 날의 8.7%를 크게 웃돌았다. 이들은 맑은 날이 투자자들의 기분에 영향을 주어 주가에 호의적으로 반영된다고 설명했다. 반면에 눈이나 비는 수익률에 좋지 않은 영향을 준다고 한다.

그림 4-1 선더멘털과 문더멘털

  흐린 날보다 맑은 날의 수익률이 높다. 맑은 날이 투자자의 기분에 영향을 주어 주가에 호의적으로 반영된다.

  눈이나 비는 수익률에 좋은 영향을 주지 못한다.

  보름달일 때보다 초승달일 때 주가 상승탄력이 높다고 한다.

　이와 함께 맑은 날의 누적 수익률이 특정지수 수익을 좇아가는 인덱스 기법보다 높다고 덧붙여 관심을 모았다. 해가 보이느냐의 여부가 기준이 되는 만큼 이를 '선더멘털' 기법이라고 할 수 있다. 내재가치를 뜻하는 펀더멘털(fundermantal)의 첫 알파벳인 'f'를 's'로 바꾼 신조어다. 태양의 흑점 발생과 소멸을 통해 주가를 점치는 사람도 있어, 선더멘털의 타당성(?)을 더해 주고 있다.

　태양이 주가에 영향을 주었다면, 달도 주가와 관련이 있을 수 있다. 실제로 보름달일 때보다 초승달일 때 주가 상승탄력이 높다는 연구결과가 있다.

　미시간 대학의 연구진은 달의 모양과 주가 움직임을 관찰했다. 1965년부터 2001년 7월 말까지 48개국을 대상으로 조사한 결과, 43개국에서 초승달일 때의 수익률이 보름달일 때보다 높은 것으로 나타났다. 보름달이 뜬 주간 수익률이 초승달이 뜬 주간보다 8.3% 정도 낮았는데, 100년 간의 미국 주가와 24개국의 15년 간 주가 동향을 보면, 음력으로 초순이 보름보다 약 두 배가량 수익이 높은 것으로 나타났다.

눈길을 끄는 점은 이러한 현상이 미국보다 외국에서 뚜렷하게 나타났다는 점이다. 이쯤 되면 '문더멘털(moondermental)'이라고도 할 수 있다. 한 경제지에는 문더멘털과 관련해 띠로 본 투자운세가 게재되고 있다. 투자종목의 한글 이니셜까지 제공하고 있다.

선더멘털과 문더멘털이 일어나는 원인을 설명하기는 쉽지 않다. 많은 심리학자들은 날씨와 달의 모양이 인간행동에 영향을 준다고 풀이하고 있다. 기분이 좋으면 너그러워지는 반면에, 우울하면 신중하고 주의 깊은 분석을 하게 된다.

이 정도라면 아침에 일찍 일어나 바깥을 내다보며 해가 있는지를 살피고, 밤에는 달을 보며 투자전략을 세워볼 만하다. 투자심리가 주가를 결정한다는 측면과 일맥상통한다.

 투자시계를 바라보자

 때로는 글보다 그림이 상황판단을 쉽게 해준다. 주식시장과 연관된 몇 가지 그림을 살펴보자. 설명은 생략하겠다.

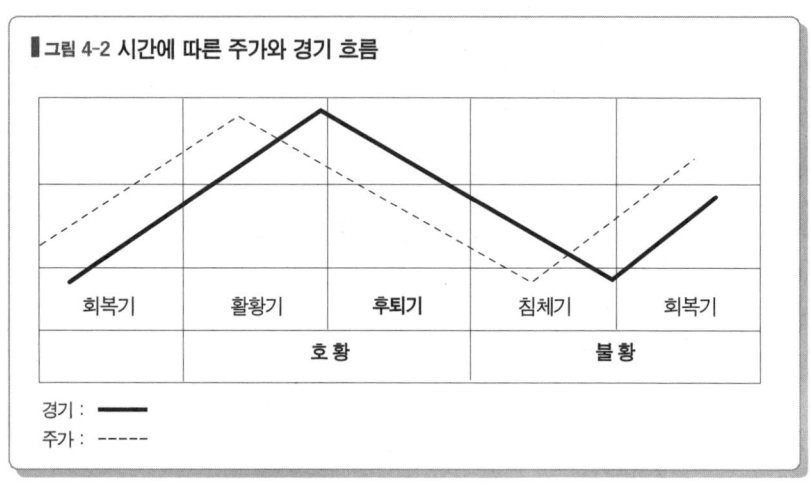

■ 그림 4-2 시간에 따른 주가와 경기 흐름

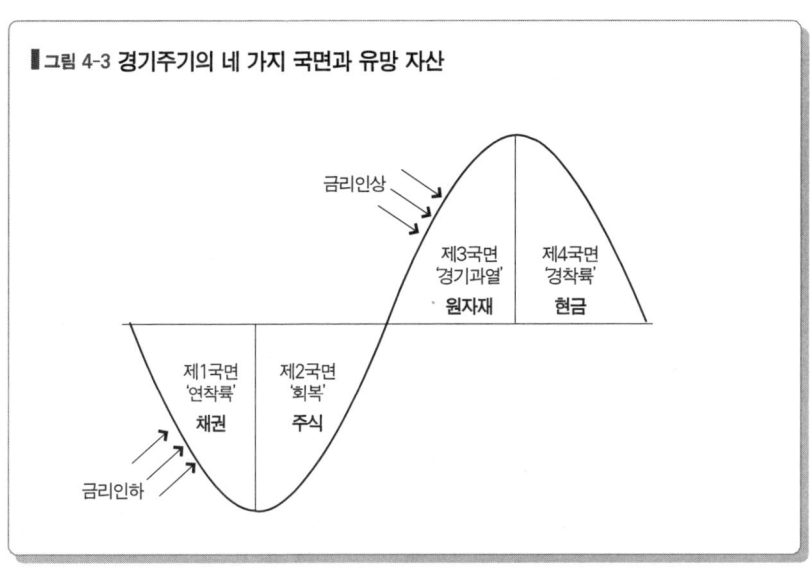

■ 그림 4-3 경기주기의 네 가지 국면과 유망 자산

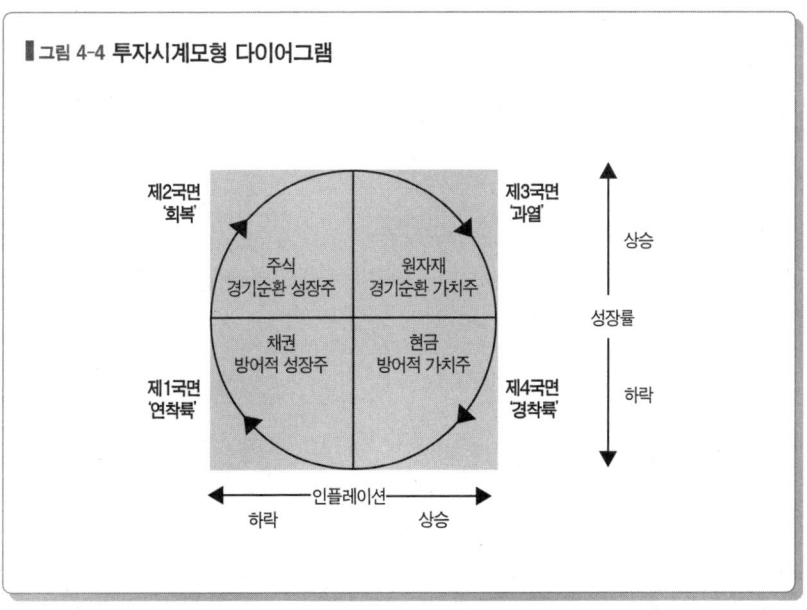

■ 그림 4-4 투자시계모형 다이어그램

네번째 메모 | **투자의 변수 체크하기**

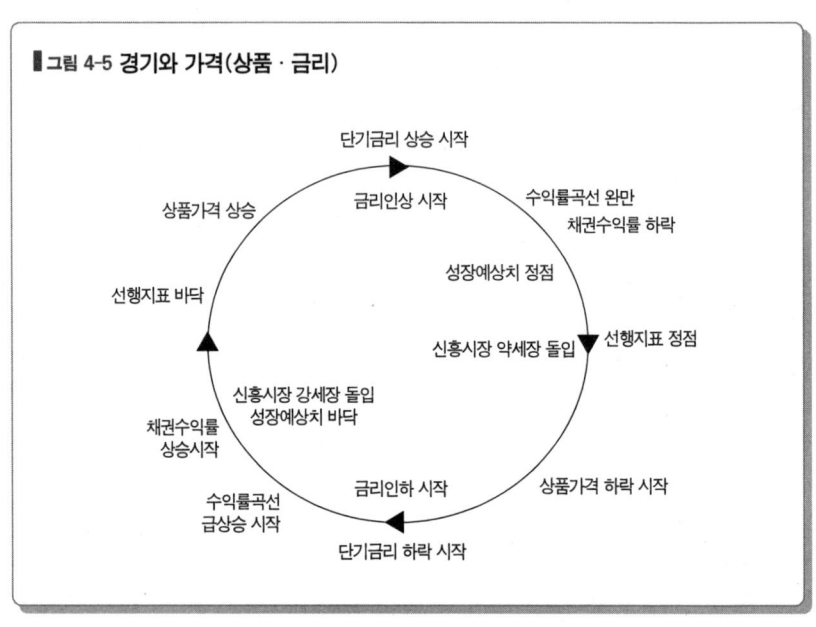

그림 4-5 경기와 가격(상품 · 금리)

부의 효과(Wealth's Effect)

"주가는 경기보다 선행한다"라고 알려져 있다. 경기에 앞서 주가가 먼저 움직인다는 얘기다. 이와 달리 주식시장이 경기를 이끈다는 주장이 제기되고 있다. 이른바 부의 효과(Wealth's Effect)다. 주가가 앞서 움직인다는 점에서 주가의 경기선행성과 같다. 그러나 내용 면에서 큰 차이를 보이고 있다. 주가의 경기선행성은 경기가 호전되거나 악화될 것을 전제로 하는 반면에, 부의 효과는 주가가 경기를 이끈다는 점에서 차이가 있다.

부의 효과 논리는, 부자가 되면 누구나 소비를 늘린다는 게 핵심이다. 주가나 부동산 가격이 오르는 등 부자가 되면 씀씀이가 커지게 마련이다.

주가 상승에 따른 부의 효과를 살펴보자. 주가가 오르면 주식을 갖고 있는 주주들의 자산(재산)가치가 높아진다. 부자가 되는 것이다. 부자가 되면 소비를 늘린다. 소비증가는 공급, 다시 말해 생산증대를 유발한다.

생산증대는 곧 경제성장을 의미한다. 기업들의 내재가치도 높아진다. 따라서 주가가 상승한다. 주가상승은 또다시 자산가치를 높인다. 주가상승 → 재산증가 → 소비증가 → 생산증대 → 경기호전 → 주가상승이라는 선순환이 성립된다. 다시 말해 주가상승이 경기를 계속 활성화시킨다. 이 때 주식 분산도가 높으면 높을수록 소비증가는 폭넓게 이뤄진다. 많은 사람들이 주식을 갖고 있을수록 소비증가의 효과는 더욱 커진다.

미국의 경우 주가상승과 소비증가는 매우 밀접한 관계에 있는 것으로 조사됐다. 이 때 소비는 내구재, 즉 집·자동차·가구 등에 주로 집중된다. 부자가 되면서 집도 늘리고 자동차도 바꾸는 소비 행태가 전개된다.

참고로 1987년 10월 다우공업평균지수가 크게 떨어졌을 때, 미국 전체 가구의 20%만이 주식시장과 관계를 맺고 있는 것으로 나타났다. 그 수치가 1999년에는 미국 전체 가구의 50% 이상으로 높아졌다. 한 집 건너 한 집이 직접 또는 간접투자를 하고 있는 셈이다. 따라서 이들의 자산가치는 주가에 큰 영향을 받는다. 미국 주식시장이 장기간 호황세를 구가하면서 주식투자 인구가 그만큼 늘어났다는 얘기다.

여기에서 우리는 '부의 효과'의 반대 현상을 생각해볼 수 있다. 즉 '빈(貧)의 효과(Poverty's Effect)'다. 주가하락이 자산가치를 떨어뜨린다. 이에 따라 소비가 줄어든다. 생산이 줄면서 경기가 침체된다. 기업들의 내재가치가 하락하면서 주가도 떨어진다. 주가하락이 투자자들을 가난하게 만든다. 주가하락 → 소비감소 → 생산감축 → 경기침체 → 주가하락 등과 같은 악순환을 그려볼 수 있다. 주가하락이 다시 주가하락을 이끄는 것이다.

참고로 한국은행이 주가상승과 소비의 상관관계를 조사했는데, 우리나라의 경우 주가상승이 소비증대로 직접 이어지지 않는다는 사실이 밝혀졌다.

이는 우리나라에서 주식이 아직 대중화되지 않았음을 보여주는 대목이다.

일부에서는 주가가 오르면 술 소비가 크게 늘어나는 것으로 보고 있다. 실제로 주가가 상승하면, 여의도는 물론 강남의 고급 술집들이 주당들로 만원을 이룬다고 한다. 그러나 술 거래는 대부분 무자료거래(세금을 피하기 위해 영수증이 제대로 처리되지 않는다)로 이루어지는 경우가 많다고 한다. 즉 매출이 노출되지 않는 만큼 소비증감 여부가 제대로 파악되지 않기 때문에, 주가상승이 바로 소비증가로 이어지지 않는다는 의견도 있다.

부의 효과는 주식에서만 일어나는 것이 아니다. 부동산 가격이 높아지면 부자가 많아진다. 따라서 소비가 늘어나게 된다. 부동산 가격이 경제에 활력을 주고, 나아가 주식시장에 힘을 실어준다고 할 수 있다. 금리 또한 마찬가지다. 현금이 많은 사람은 금리가 높아질 때 소비를 늘린다. 부동산 가격 및 금리의 상승이 주가에 부담이 된다는 얘기와는 사뭇 다른 결론이다.

MMF 자금은 주식시장으로 흘러들지 않는다

주식시장이 흔들릴 때 증시 관계자들(주로 낙관론자들)은 투신사로 몰려가는 MMF 자금을 가리켜, '주식매수대기자금'이라고 말한다. 그런데 실제로 보면 이러한 얘기는 근거가 약하다.

MMF에 예치된 자금은 약세장을 넘기기 위한 대체 수단이 결코 아니다. 법인들은 MMF를 이용해 다른 저축수단보다 더 높은 수익을 누리며 당좌예금처럼 이용하고 있다. 개인들은 자녀 교육비, 세금 같은 대형자금 지출에 대비해, MMF에 자금을 일시 예치한다. 주가가 급등세를 보이거나 약세를 보일 때도 MMF 예탁금이 늘어나는 경우가 많은 데서 이 같은 사실을 알 수 있다.

한편 은행의 단기예금 금리가 낮아질 때도 MMF로 자금이 이동한다. 금리가 오르면 MMF 자금은 다시 은행의 단기 금융상품으로 이동한다. 금융당국의 금리정책에 따라 MMF에 자금이 몰린다는 해석을 가능케 한다. 결국 MMF 자금은 주식이 아니라 단기금리 또는 다른 고정수입 자산에 투자하려는 돈이라고 할 수 있다. 다시 말하면 단기 운전자본으로서, 주식시장에 들어올 자금은 아닌 셈이다.

따라서 MMF에서 놀고 있는 자금이 주식시장으로 움직인다며 투자를 부추길 때, 절대로 흔들리면 안 된다. 주가가 바닥에 도달했다는 판단이 서지 않는 한, 이러한 얘기는 무시하는 게 좋다.

연기금을 그만 다그치자

주가가 급락하면 정부는 연기금 동원령(?)을 발동한다. 연기금의 주인은 가입자다. 특히 국민연금은 말 그대로 국민이 주인이다. 그런데도 주인의 동의 없이 정부 맘대로 주식을 매수하라고 다그친다. 정부가 국가의 통치권을 행사하는 기구라는 측면에서 보면 무엇을 못하겠는가. 하지만 너무 지나치다는 느낌을 떨칠 수 없다.

국민연금·공무원연금·군인연금 등을 대표적인 연금으로 들 수 있다. 이러한 연금은 해당자들이 오랜 기간 쓰지 않고 모은 돈이다. 이렇게 모은 돈은 은퇴 후에 필요한 생활자금의 원천이다. 이러한 연금의 성격상 위험이 큰 주식투자는 매우 제한적으로 이뤄져야 한다. 아울러 유가증권에 대한 투자는 보수적으로 이뤄져야 한다. 여유자금이 아니라 생활자금인 이상, 주식투자금으로 결코 사용되어서는 안 된다.

정부는 연금의 주식투자 확대와 관련, 외국의 사례를 들어 외국 연금의 투자비중이 50%를 넘는다는 등 구체적인 수치를 들어가며 연기금의 주식투자를 당연한 일처럼 말한다. 하지만 여기에서 정부가 놓치는 부분이 있다.

우선 외국에서 주식투자에 쓰이는 연금은 민간이 운영하는 개인연금이나 기업연금이다. 우리나라처럼 정부가 관리하는 연금이 아니다. 또 이들 연금은 수령자들에게 생활자금을 계속 대주고도 남는 자금을 보유하고 있다. 연금 측면에서 보면 여유자금이다. 따라서 연금의 주식투자가 폭넓게 이뤄지고 있는 것이다. 이런 중요한 사실은 제쳐놓고, 단순히 비율만 가지고 주장하면 설득력이 없다.

지금껏 연금은 정부의 국공채를 매입하는 등 정부에 자금을 지원해왔다. 연금의 주식투자 확대는 결국 재정자금의 축소를 의미한다. 금리가 오를 수 있다는 얘기다. 민간자금이 대신 나서서 국공채를 소화할 수 있으나 금리 인상만큼 국민부담이 커지게 된다.

연금의 주식투자 확대정책은 주식시장 부양책의 효과를 발휘한다. 연금 개입에 따른 주가상승을 겨냥한 투자자들이 주식매수에 나서기 때문이다. 그러나 막상 연금이 주식매수에 나설 때는, 먼저 움직인 투자자들의 차익실현을 위한 매물로 주가가 되밀릴 가능성도 있다. 이렇게 되면 연금의 주식투자 확대로 민간의 투자비중은 줄어들게 된다. 자산 재분배(민간에서 연기금으로의 지분 이동)에만 그칠 뿐, 경제활성화에는 큰 역할을 하지 못하게 되는 것이다. 연금이 주식을 처분해 자금을 거둬들일 때의 충격을 어떻게 막을 것인지도 생각해보아야 한다.

공적 성격이 강한 연금의 특성도 커다란 문제를 유발할 수 있다. 연금의 주식투자 확대가 자칫 사기업을 효율성이 떨어지는 공기업으로 만들어버릴 수 있기 때문이다. 공기업의 민영화 추세와 정면 충돌하는 논리가 된다.

네번째 메모 | 투자의 변수 체크하기

의결권을 제한하는 방식으로 공기업화의 문제를 해결할 수는 있다. 그렇다 하더라도 눈치를 보지 않을 최고경영자(CEO)가 있을지 궁금해진다. 연금의 정치적 목적 이용 가능성도 제기될 수 있다.

연금의 주식투자가 수익률 극대화가 아닌 '증시 부양'이라는 정치·사회적 측면에서 이뤄졌을 때, 손실에 대한 책임을 누가 지느냐의 문제도 해결되어야 한다.

물론 이러한 문제점은 연금의 민영화를 통해 해결할 수 있을 것이다. 그러나 주인이 너무 많아 오히려 주인 없는 꼴이 된 돈을 정부가 쉽게 내놓을 일은 없을 것이다.

랜덤워크 이론

술에 잔뜩 취한 사람이 걸어간다. 걸어가는 모습을 지켜보면, 방향을 종잡을 수 없다. 그런데도 집에는 아주 잘 찾아간다. 넥타이 맬 때를 생각해보자. 이리 돌리고 저리 돌리고, 그리고 꼬기도 한다. 결과는 반듯하게 자리한다. 천방지축 움직이는 듯하다가 결국은 제자리를 찾는다. 이것이 바로 랜덤워크(醉步, 술에 취해 걷는 걸음)다.

주가는 누구도 예측할 수 없는 우발성을 갖고 있다. 알 수 없는 방향으로 움직이기 때문에 주가흐름을 예측할 수 없다. 이게 바로 랜덤워크 이론이다. "과거는 가지 않았고, 현재는 있지 않으며, 미래는 오지 않는다"라는 선문답이 랜덤워크 이론을 잘 설명해준다고 할 수 있다. 과거의 주가 동향이나 어떤 재료가 주가를 움직인다고 하지만, 이에 대한 시장 반응은 즉각적으로 이뤄지기 때문에, 이를 예측한다는 자체는 사실 의미가 없다. 이를 어려운 말로 하면 시장은 그만큼 효율적이라는 얘기다.

즉 새로운 정보가 등장하면 주가에 즉각 반영되기 때문에, 어느 누구도 초과수익을 볼 수 있을 만큼 매매를 할 수 없다는 점이 랜덤워크 이론의 본질이다. 여기에서 포트폴리오 이론이 등장하게 된다. 포트폴리오는 분산투자를 통해 위험을 줄이고 수익을 높이려는 하나의 투자전략이다.

정보가 즉각 반영될 정도로 효율적이라는 랜덤워크 이론 역시 공격을 받고 있다. 예를 들어 길거리에 1만 원짜리 지폐가 떨어져 있다고 하자. 어떻게 할 것인가? 백이면 백 모두 일단 집어들 것이다. 누구도 예외가 없을 것이다. 물론 이 돈의 처분은 나중 문제다.

그런데 랜덤워크 이론 신봉자라면, '길거리에 떨어진 1만 원짜리 지폐'라는 조건을 받아들이지 않을 것이다. 즉 1만 원짜리 지폐가 누군가의 주머니에서 흘러나와 땅에 떨어지는 순간, 다른 누군가가 이미 집어가야만 하는 것이다. 랜덤워크 이론에 따르면, 떨어진다는 정보가 즉각 모든 사람에게 알려질 만큼 효율적이어야 하기 때문이다. 랜덤워크 이론에서 보면 어쩌다 횡재하는 사람이 있다고 할 수 있다. 바로 1만 원을 주웠든 사람이다. 그러나 이는 극소수에 불과하다. 투자자 모두가 해당되지는 않는다.

FRB의 주가평가 모델

주가와 내재가치를 연관시켜 설명하려는 학자들의 노력은 실로 눈물겹다. 슈퍼 컴퓨터를 동원해도 주가는 절대로 예측할 수 없다. 애당초 해결할 수 없는 퍼즐을 풀려는 노력이 안쓰럽기만 하다. 아직까지 주가를 정확하게 설명할 수 있는 모델은 없다.

1999년 미국의 다우지수가 1만포인트 선을 넘어설 것으로 내다본 모델은 예전에 전혀 존재하지 않았다. 당연할 수도 있다. 사실 미국 경기가 10년 연속 호황을 보일 것으로 예측한 경제 모델도 없었기 때문이다.

어쨌든 주가를 정확히 예측할 수 있는 모델은 나올 수 없다. 그 이유는 간단하다. 주가에는 단순한 경제적 계산뿐 아니라 투자하는 사람들의 심리로 작용하기 때문이다.

주가이론 가운데 투자심리를 주요 요인으로 분석하는 모델이 있다. 바로 '공중누각이론(the Castle In the Air)' 이다. 누군가 현재 주가보다 높게 사려는 사람이 있을 것이라는 심리가 주식매수를 부추긴다는 이론이다.

공중누각은 허공에다 짓는 만큼, 짓는 사람 마음대로다. 공중누각을 짓는 사람조차 얼마나 큰지 알 수 없는데, 하물며 다른 사람은 어떻게 알겠는가? 이런 관점에서 보면 주가는 환상이라고도 할 수 있다.

다우지수가 6,000포인트 선에 있을 때 FRB의 그린스펀 의장은 기회가 있을 때마다 미국 주가가 고평가됐다고 말해왔다. 이 때가 1996년이었다. 그러나 주가는 계속 올라 1999년에는 1만 포인트 선을 넘어섰다. 전세계 경제를 휘어잡는 그린스펀도 주가가 이처럼 오를 줄은 미처 예측하지 못했다.

재미있는 사실은 다우지수가 1만 포인트 선을 넘어섰을 때 주가상승에 누가 가장 많은 영향을 주었느냐는 설문조사의 결과다. 펀드 매니저들을 대상으로 이뤄진 이 설문조사에서 그린스펀 의장이 1위로 선정되었다. 미국 주가가 고평가됐다고 지적하던 사람이 주가 상승에 일등공신이라니, 정말 역설적이지 않을 수 없다. 그러나 펀드 매니저들의 생각은 달랐다. 강력한 영향력을 가진 그린스펀이 과열을 자주 경고함으로써, 주가가 급등하지 않고 완만하게 달아오를 수 있었다고 본 것이다.

그린스펀은 왜 틈만 나면 주가가 고평가됐다고 했을까? 바로 FRB의 모델에 근거를 두었기 때문이다.

FRB의 주식평가 모델은 모든 투자대상의 장기수익률은 같다는 데서 출발한다. 주식이나 채권의 장기수익률은 똑같다는 얘기다. 또 부동산이나 귀금속 등의 장기투자 수익률도 모두 똑같다는 것이다. 이들 시장은 새롭게 등장한 것이 아니라 아주 오랫동안 존속해왔다. 만약 어떤 한 시장의 수익률이 높다면, 다른 시장은 살아남지 못하고 이미 소멸되었을 것이다. '지배의 원칙'에 따라 돈은 수익이 높은 곳으로 흐르기 때문이다.

FRB 모델은 장기적으로 채권수익률과 주식수익률이 동일하다는 단순한 가정을 전제로 한다. 장기적으로 주식수익률이 채권수익률보다 크다는 학자들의 주장과는 다르다. 시장별 수익률은 단기적으로 20% 정도의 편차를 나타내지만, 장기적으로는 같다고 본다. 여기에서 말하는 장기는 우리나라에서처럼 1년이 아닌 10년 이상을 뜻한다.

채권(10년 만기채)수익률, 다시 말해 금리는 매일 거래가 이뤄지면서 결정된다. 따라서 주식수익률만 알면 된다.

주식수익률은 다음과 같이 계산한다. 주식을 산다는 얘기는 주식을 발행한 회사에 자금을 투자한다는 얘기다. 따라서 회사의 주당순이익을 주가로 나누면 투자수익률을 계산할 수 있다. 이를 이익주가수익률(EPR)이라고 한다.

이익주가수익률(EPR) = 주당순이익/주가

언뜻 보면 상당히 눈에 익으면서도 쉽게 이해가 가지 않는다. 자세히 살펴보자. 주가를 주당순이익으로 나눈 주가수익비율, 즉 PER의 역수로 표현되어 있다.

주가수익비율(PER) = 주가/주당순이익

장기적으로 채권수익률과 주식수익률은 같다고 전제했다. 따라서 장기적으로 금리는 PER의 역수라는 사실을 알 수 있다.

금리 = 이익주가수익률(EPR) = 1/PER

금리의 역수인 PER가 지나치게 높으면 주가는 고평가됐다고 할 수 있다. 곧 PER가 금리보다 20% 이상 높으면 고평가된 것으로 본다. 미국의 장기금리가 6%대인 점을 감안하면, 미국의 장기 PER는 6%의 역수인 15배 정도가 된다. 여기에 20% 정도의 단기 변화를 감안하면 18배까지 오를 수 있다. 따라서 미국 PER가 이보다 높으면 주가는 고평가됐다는 지적을 할 수 있다. 만약 15배보다 20% 정도 낮은 12배 이하로 떨어지면 저평가됐다고 말해도 된다.

이를 우리나라에 적용해보자. 우리나라에는 장기채권이 없다. 우리나라의 경우 경제 상황이 미국에 비해 불안정하기 때문에, 만기가 긴 장기채권은 소화되지 않기 때문이다. 3년 만기 회사채 수익률을 기준 금리로 보고, 단기 변화폭은 미국보다 높은 30%로 잡는다. 미국보다 경제 상황 등이 불안정하기 때문에 그만큼 변화의 폭도 큰 것이다. 금리가 10%대라면 우리나라 주식시장의 장기 PER는 10배(10%의 역수)가 되어야 적정하다고 평가할 수 있다.

단기 변화폭을 감안할 때 시장 PER가 적정 수준인 10배보다 30% 높은 13배를 웃돌면 우리나라 주가는 고평가되었다고 할 수 있다. 여기에서 주당순이익은 과거 실적이 아닌 미래 실적, 적어도 3년 정도를 내다본 실적에 근거를 두어야 한다. 우리나라 개별기업의 실적은 추산하기가 쉽지 않다. 기업들이 회계처리의 연속성을 유지하지 않기 때문이다.

금리와 주가수익률이 같다는 가정은 이해하기 쉽다. 그러나 단기적으로 미국은 20%, 우리나라는 30% 정도의 변화가 가능하다는 사실은 객관성이 없다. 단지 과거의 금리와 주가수익률의 차이를 조사해보니 그렇다는 것일 뿐, 이론적으로는 설득력이 약하다.

그런데도 이 모델이 인기를 끄는 까닭은 누구나 매우 간단하게 이용할 수 있기 때문이다. 아울러 미국 FRB에서 사용하고 있다는 점도 큰 힘이 된다. 많은 외국 펀드 매니저들도 이를 따르고 있어 유용성도 높다.

장기적으로 채권수익률과 주식수익률은 같다고 했다. 단기적으로 채권수익률과 주식수익률은 다르다. 따라서 채권이나 주식에 단기투자하면 수익을 극대화할 수 있다. 문제는 단기에 채권이나 주식을 적절하게 갈아탈 수 있느냐의 여부다.

금리와 환율 변화가 주가에 미치는 영향

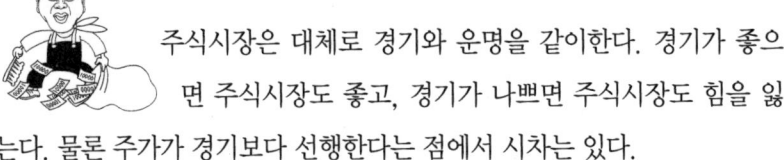주식시장은 대체로 경기와 운명을 같이한다. 경기가 좋으면 주식시장도 좋고, 경기가 나쁘면 주식시장도 힘을 잃는다. 물론 주가가 경기보다 선행한다는 점에서 시차는 있다.

경기가 좋다는 얘기는 무엇을 뜻하는가? 한 마디로 기업활동이 왕성한 상태를 말한다. 생산이 증가하고 소득이 늘어난다. 소비가 증가하면서 투자를 촉진시킨다. 그리고 다시 생산이 증가한다. 이러한 선순환 과정이 이뤄지면 호황이라 할 수 있다.

그런데 이러한 경기 상황을 보여주는 변수들은 무수히 많다. 경기변수와 주식시장과의 상관관계를 알아두면 투자에 큰 도움이 될 것이다. 금리·환율이라는 거시경제 변수와 주가와의 상관관계를 살펴보자.

금리는 주가와 역의 관계―그러나 항상 그렇지는 않다

일반적으로 금리가 하락하면 주가는 오르고, 금리가 상승하면 주가는 떨어진다고 한다.

이러한 얘기는 두 가지 측면에서 설명할 수 있다. 우선 기업 측면에서 보면, 금리하락(상승)은 금융비용을 감소(증대)시킨다. 기업 수익력이 향상(저하)되면서 재무구조가 건실(부실)해진다. 따라서 주식의 본질적인 가치를 상승(하락)시킨다. 한편 금리하락은 기업들의 투자를 촉진시킨다. 금리가 떨어진 만큼 투자수익이 높으면, 이를 마다할 기업은 없을 것이다. 따라서 금융비용 감소가 투자를 늘려 기업의 새로운 수익원을 창출하게 된다.

투자자 측면에서 보면, 금리하락(상승)은 저축·채권 등 주식의 대체상품 수익을 하락(상승)시킨다. 이에 따라 투자자들은 상대적으로 주식에 대한 투자를 증가(감소)시킨다.

이처럼 금리 변화는 주식의 본질가치와 수요 변화를 유발하며, 주가에 영향을 준다. 이런 이유 때문에 단기금리 조정권을 가진 그린스펀 의장의 말 한 마디가 미국 주가를 출렁거리게 하는 근거가 된다. 물론 미국 주가는 세계 주가에 곧바로 영향을 미친다. 주식시장의 세계화가 이뤄져 있기 때문이다.

그런데 이러한 금리인하가 항상 주가에 호재로 작용하는지에 대해서는 한번 생각해볼 필요가 있다. 금리하락에 따른 선순환 과정에서 기업이 투자를 늘리지 않는 경우가 발생한다. 시중에 돈은 풍부하나 경기전망이 불확실하면, 투자는 늘어나지 않는다. 2001년 11월까지 미국은 금리를 무려 10차례나 인하했으나 기업들의 투자는 증가하지 않았다. 주가 또한 회복세를 보이지 못했다. 왜 그럴까? 바로 경기침체가 그 원인이다.

새로운 사업에 투자해 낮아진 금리만큼 수익이 창출되지 못하면, 자연히 금리인하 효과는 발생하지 않는다. 금리인하가 지속되면서 추가 금리인하에 대한 기대감이 투자를 억제할 수도 있다. 그런가 하면 금리가 지나치게 낮아지면 다시 오를 것이라는 예상 때문에 투자가 활성화되지 못하기도 한다. 이를 '유동성 함정'이라고 한다.

유동성 함정은 개인에게도 마찬가지다. 금리인상 우려 때문에 소비를 늘리지 않고 현금만 꽉 쥐고 있게 된다. 자금은 금융기관에 쌓인다. 대부분 단기자금이다. 이렇게 되면 금융기관도 자금을 운용하는 데 제약을 받게 된다. 다시 말해 예탁자가 돈을 찾는 시기와 장기로 빌려준 돈의 만기가 일치하지 않음으로써 유동성 부족에 처할 위험이 높아진다. 따라서 금융기관에 쌓인 돈은 많지만 대출이 늘지 못하게 된다. 잇따른 금리인하가 오히려 역효과를 내는 경우다.

금리인하는 경기가 상당히 좋지 않다는 것을 시사한다. 금리가 처음 인하될 때는 누구나 경기 회복을 기대한다. 금리인하가 경기에 영향을 미치는 데 8~9개월 정도의 시차가 있다고 한다. 그러나 지속적인 금리인하는 결국 경기침체를 확인해주는 결과를 불러옴으로써 모두들 몸을 사리게 한다.

◎ 환율과 주가의 상관관계

환율은 어느 한 나라와 다른 나라 사이의 통화 교환비율을 말한다. 우리나라의 원화와 일본의 엔화, 원화와 미국 달러 따위의 교환비율을 말한다. 달러를 기준으로 표시하는 경우가 많다. 달러가 세계 중심통화 역할을 하고 있다. 그만큼 달러의 안전성이 높다는 얘기다. 미국이 세계를 지배하고 있다는 말이기도 하다. 특정 국가 통화와의 교환비율을 말할 때는 원-달러 환율, 원-엔 환율 등으로 얘기한다. 특히 원-달러 환율은 그냥 환율이라고 표현한다. 이는 달러당 원화의 교환비율이다.

환율에서는 몇 가지 표현을 알아둘 필요가 있다. 환율이 상승(하락)하면, 다시 말해 달러당 교환되는 원화가 많아(적어)지면 달러강세(약세)라고 한다. 물론 원화약세(강세)라고 하기도 한다. 달러강세(약세)는 원화의 평가절하(절상)라고도 한다.

환율이 떨어지면 어떤 현상이 빚어질까? 극단적인 가정을 예로 들어 살펴보자. 달러당 2,000원이었던 환율이 1,000원으로 떨어졌다고 가정하자. 우선 수출품의 가격이 상승한다. 2,000원짜리 물건을 1달러에 수출했는데, 환율이 하락하면서 2달러가 됐다. 가격이 상승하는 만큼 경쟁력이 약화된다.

아울러 1달러어치를 수출해 2,000원을 벌었으나, 환율하락으로 1,000원만 벌게 된다. 따라서 환율하락은 수출과 매출을 감소시키고, 수익도 악화시킨다. 수익이 줄어드는 만큼 주가도 하락하게 된다. 환율이 주가에 미치는 기본적인 과정이다. 수입 측면에서는 어떠한가? 1달러인 상품 가격이 2,000원에서 1,000원으로 낮아지게 된다. 이는 물가가 떨어지는 결과를 불러온다. 따라서 원화강세(평가절상)는 주가하락을 의미하며, 물가도 떨어뜨린다.

이러한 단순 논리와 달리, 원화강세가 주가상승을 유발하게 되는 경우가 많다. 원화강세는 경제가 안정되고 국제수지 흑자폭이 확대되면서 나타나는 게 일반적이다. 국제수지 흑자는 또 해외로부터의 국제자금 유입을 말한다. 따라서 국내 자금의 유동성이 풍부해지면서 주식 수요를 증대시킨다. 이런 관점에서 보면 안정적인 환율인하는 주가상승을 이끌어낸다.

외국 투자자의 입장에서 살펴보자. 이미 투자한 외국인의 경우, 원화절하를 통해 커다란 평가이익을 챙기게 된다. 2,000원(1달러)이었던 주식이 2달러가 되면서 평가이익이 크게 증가한다. 환율인하는 외국인들에게 일단 유리하게 작용한다. 수출감소로 인한 수지 악화 측면에서 보면, 어느 정도 상쇄 효과는 일어날 것이다. 환율인하 폭이 커지면 외국인의 평가차익도 커지기 때문에 매물 압력이 강해질 수 있다.

새로 투자하려는 외국인 입장을 살펴보자. 1달러로 2,000원어치 주식을 살 수 있었는데, 원화강세로 2,000원어치를 사려면 2달러가 들어가야 한다. 급격한 원화강세는 외국인 매수자금 유입을 억제하게 된다.

환율이 주가에 미치는 영향은 긍정적이기도 하고, 부정적이기도 하다. 따라서 환율로 외국인의 매매 방향을 판단하는 것은 매우 위험하다. 그러나 환율변동 추세가 외국인들의 매매에 영향을 줄 수 있으므로, 주식투자자들은 이를 추적할 필요가 있다.

금리상승은 채권시장의 약세장

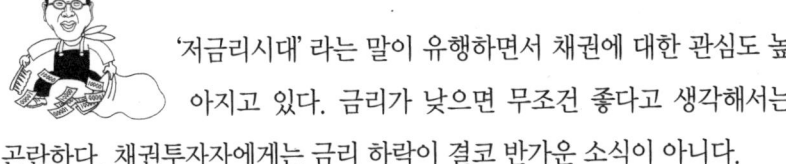

'저금리시대'라는 말이 유행하면서 채권에 대한 관심도 높아지고 있다. 금리가 낮으면 무조건 좋다고 생각해서는 곤란하다. 채권투자자에게는 금리 하락이 결코 반가운 소식이 아니다.

미국에서 조사한 결과, 금리와 채권가격 간의 역의 관계를 이해하는 사람이 30%를 조금 넘는 것으로 나타났다. 2001년처럼 금리가 떨어지는 시기에는 채권가격이 상승하는 만큼, 좋은 투자 기회가 될 수 있다. 그러나 경기가 호전되면 금리는 상승하게 마련이다. 기업들의 자금 수요가 늘어나기 때문이다. 금리상승은 채권가격의 하락을 의미한다. 따라서 저금리가 이어지고 있다고 해서, 무턱대고 채권투자에 나서는 것은 바람직하지 않다.

채권금리는 흔히 채권수익률이라고도 한다. 일정 기간 채권에 투자해서 벌어들이는 돈을 투자 원금으로 나눈 게 채권수익률이다. 수익 계산의 기본단위는 1년이다. 따라서 6개월 투자수익률도 1년 단위로 환산해 표시한다. 물론 백분율로 표시된다. 예를 들어 어떤 채권에 1,000만 원을 투자해 6개월 만에 50만 원을 벌었다면, 수익률은 5%가 아닌 10%라고 한다. 실제로는 이자의 이자를 감안하면 10% 넘게 계산된다. 투자기간이 1년을 넘으면, 1년 단위 복리로 계산한다.

    채권수익률은 크게 표면수익률과 유통수익률로 나눌 수 있다. 표면수익률은 채권이 발행될 때 약속한 이자를 채권발행 금액으로 나눠 산출한다. 예를 들어 1년 전에 1,000만 원짜리 채권을 매수해 원금과 이자 100만 원을 받았다고 가정하자. 수익률은 10%(1,000만 원/100만 원×100)다. 이를 표면수익률이라고 한다. 주식투자에서 배당이 액면가를 기준으로 지급되는 것과 같은 이치다. 배당은 기업실적에 따라 변하는데 반해, 채권이자는 고정되어 있다는 점에서 차이가 있다. 그러나 주식의 배당수익률이 표면수익률이라고 보면 이해가 쉽다.

    유통수익률은 채권을 발행기관으로부터 직접 사지 않고, 시장에 나온 채권을 매수한 가격을 기준으로 계산된다. 833만 원을 투자해 1년 후 1,000만 원을 받는다고 가정할 때, 이에 따른 수익률을 계산해보자. 1,000만 원과 833만 원의 차액 167만 원이 이자다. 따라서 수익률은 이자 167만 원을 투자 원금 833만 원으로 나눠 백분율로 표시하면 20%라는 결과가 나온다 (소수점 이하 무시).

    여기에서 투자자들이 채권시장에서 보는 지표는 가격이 아닌 금리다. 거래 단위가 가격이 아닌 수익률이라는 얘기다. 채권시장 지표에서 얻을 수 있는 정보는 지금 채권에 투자하면 1년 후 얻을 수 있는 수익률이다. 따라서 지금 1,000만 원을 투자하면 1년 후 1,200만 원을 받을 수 있다는 뜻이다. 20%의 수익률을 통해 1년 후 1,000만 원을 만들려면 833만 원을 투자하면 된다는 말과 같다.

여기에서 금리변화가 있다고 가정해보자. 금리가 올라 유통수익률이 30%로 높아졌다고 가정하자. 그러면 769만 원 [1,000만 원 ÷ (1 + 0.3)]을 투자해 1년 후 1,000만 원을 거둬들일 수 있다. 금리가 오르면서 채권가격이 싸졌다는 사실을 알 수 있다. 채권금리와 채권가격은 역의 관계에 있기 때문에, 서로 반대로 움직인다. 위의 예에서는 이자에 대한 세금 수수료를 전혀 고려하지 않았다는 점을 알아둘 필요가 있다.

채권가격의 등락 원인

채권가격은 금리 변화와 신용의 질적 변화 등에 따라 등락을 거듭한다. 금리 또한 주가만큼 아주 다양한 요인에 따라 오르락내리락 한다. 반면에 신용의 질은 개별 기업이 처한 환경에 따라 결정된다. 채권가격을 결정하는 가장 큰 요인은 금리 변화다. 따라서 채권투자에 무엇보다 중요한 것은 금리위험을 관리하는 데 있다.

금리 변화에 의해 가격이 변동하는 채권 성향을 금리위험이라고 한다. 금리위험은 흔히 시장위험이라고도 한다. 시중금리의 흐름에 따라 채권가격이 변화하고, 아울러 수익률도 오르락내리락 한다. 채권발행자, 신용등급, 보증 여부와는 관계없이 모든 채권은 금리 변화에 민감하게 움직인다. 금리와 채권가격은 반대로 움직인다.

금리가 오르면 채권가격은 떨어진다. 금리가 떨어지면 채권가격은 오른다. 일반적으로 채권 만기가 길수록 잠재적 가격변동성은 크다. 반대로 만

표 4-1 금리 변화에 따른 채권가격 변동률

금리 하락			만기	금리 상승		
5.0%	6.0%	6.5%		7.5%	8.0%	9.0%
+3.8%	+1.9%	+0.9%	2년	-0.9%	-1.1%	-3.6%
+8.7%	+4.3%	+2.1%	5년	-2.1%	-3.5%	-4.7%
+15.6%	+7.4%	+3.6%	10년	-3.5%	-6.8%	-13.0%
+30.9%	+13.8%	+6.6%	30년	-5.9%	-11.3%	-20.5%

자료 : 메릴린치

기가 짧을수록 금리변동에 따른 가격변동 위험은 낮아진다. 금리 변화에 따른 채권가격 변동상황을 〈표 4-1〉에서 살펴보자. 표면금리가 7%인 채권의 만기에 따라 금리변동이 채권가격에 어떤 영향을 주는지 일목요연하게 보여주고 있다.

표에서 금리가 상승하면 채권가격이 떨어진다는 사실을 알 수 있다. 금리 상승폭이 크면 클수록 가격 하락률이 커진다. 아울러 만기가 길면 길수록 가격이 크게 하락한다. 금리상승기에는 장기채일수록 불리하다는 얘기다. 금리가 0.5%포인트(50bp) 상승했지만, 30년 만기채의 경우 1년 이자 (7%)를 거의 다 까먹는 결과를 초래한다.

금리가 떨어지면 채권가격은 오른다. 금리 하락폭이 커지면 장기채일수록 이익이 크게 늘어난다. 만기가 장기일수록 금리위험이 더 크다고 할 수 있다. 눈여겨볼 만한 점은 금리가 오를 때보다 떨어질 때의 가격변화율이 크다는 사실이다.

금리가 1%포인트 상승했을 때 30년 만기채 가격은 11.3% 하락한다. 반면에 1%포인트 떨어졌을 때 같은 채권가격은 13.8% 상승한다. 즉 금리가 하락할 경우 가격 상승폭이 금리가 상승했을 때의 가격 하락폭보다 크다는 얘기가 된다. 이를 전문용어로 채권의 '컨벡시티(convexity)'라고 한다.

   만기까지 채권을 보유한다면, 만기 이전까지의 금리 변화와 관계없이 수익률을 모두 챙길 수 없다. 물론 지급불능(디폴트)이라는 사태가 없다는 가정이 전제된다.

채권, 너무 믿지 않는 게 좋다

 채권은 일정 기간이 지나면 원금을 돌려준다. 물론 중간중간에 이자도 지급한다. 원금과 이자를 합쳐 원리금이라고 한다. 채권투자에 앞서 원리금의 안전성을 한번 따져볼 필요가 있다.

원리금의 안전성 여부는 여러 신용평가기관이 등급으로 평가하고 있다. 일반채권의 경우 신용평가는 의무화되어 있다. 보증기관이 지급을 약속한 보증채와 담보가 제공된 담보채, 그리고 국공채의 경우 신용평가를 받지 않는다. 따라서 무보증 일반채권의 경우에는 반드시 신용평가기관의 평가를 받아야만 투자신탁이나 은행신탁에 편입될 수 있다.

신용평가는 채권의 만기까지 유효하다. 그러나 실제로는 1년마다 한번씩 정기적인 평가를 받아야 한다. 중대한 상황 변화가 나타날 경우에는 수시평가가 이뤄지기도 한다. 그러나 실제로는 부도 등 사태가 걷잡을 수 없을 정도로 악화된 뒤에 수시평가가 이뤄지는 등 뒷북을 치는 경우가 많다.

네번째 메모 | **투자의 변수 체크하기**

표 4-2 신용등급의 분류와 의미

신용등급		의 미
AAA	Aaa	원리금 지급 능력이 최상급
AA	Aa	원리금 지급 능력이 매우 우수
A	A	원리금 지급 능력이 우수하나 경제여건 및 환경변화에 따른 영향을 받기 쉬움
BBB	Baa	원리금 지급 능력은 양호하나 저하될 가능성 있음
BB	Ba	원리금 지급 능력은 당장 문제 없으나 장래 안전에 대해 단언할 수 없는 투기적 요소가 있음
B	B	원리금 지급 능력이 결핍되어 불황시 이자지급이 확실치 않음
CCC	Caa	원리금 지급에 불안요소가 있으며 채무불이행 위험이 커 매우 투기적임
CC	Ca	상위등급에 비해 투기요소가 더욱 큼
C	C	채무불이행 위험성이 높고 원리금 상환능력이 없음

따라서 신용평가가 필요없다는 주장도 제기되고 있다. 물론 이를 대비해 '신용상태 감시대상(Watch List)' 이라는 제도가 있으나 위력을 발휘하지 못하고 있다.

신용평가 등급은 회사별로 차이가 있고 표시방법도 조금씩 다르다.

표의 등급 중에서 BBB(Baa) 이상을 '투자등급' 이라고 하고 BB(Ba) 이하를 '투기등급' 이라고 한다. 투자등급이라는 말은 은행 등 금융기관에서 투자할 수 있는 최소한의 등급이다. 따라서 신탁이나 투자신탁에서 '투자등급' 이라는 용어를 사용해 상당히 높은 품질을 목표로 한다는 광고는, 사실 투자자들을 오도하는 행위다. 개인투자자의 경우 투자자금 보호를 위해 투자등급 이상의 채권을 매수하는 편이 좋다.

발행금리는 투자등급에 따라 달라진다. 일반적으로 신용등급이 높을수록 발행금리가 낮으며, 투기등급으로 내려갈수록 발행금리가 높아진다. 등급이 나쁠수록 기업으로서는 이자부담이 늘어나게 된다.

투기등급 채권을 집중적으로 운용하는 펀드를 하이일드 또는 고수익 펀드라고 한다. 지급불능 상태에 빠지지 않는다는 전제 하에서 이름 그대로 높은 수익을 챙길 수 있다. 실제로 지급불이행이 일어나면 고수익은커녕 원금조차 날리는 경우도 있다. 따라서 '고수익·고위험'이 아니라 '고위험·고수익'이라는 상품 이름으로 발매됐어야 한다.

신용등급 변화와 투자전략

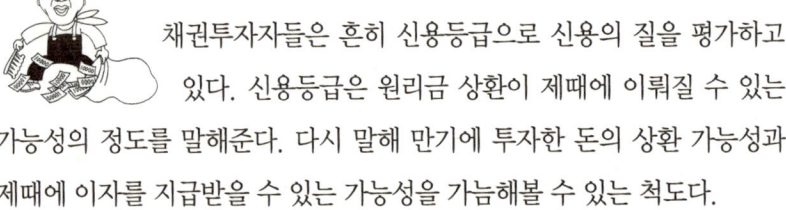 채권투자자들은 흔히 신용등급으로 신용의 질을 평가하고 있다. 신용등급은 원리금 상환이 제때에 이뤄질 수 있는 가능성의 정도를 말해준다. 다시 말해 만기에 투자한 돈의 상환 가능성과 제때에 이자를 지급받을 수 있는 가능성을 가늠해볼 수 있는 척도다.

신용등급은 부채 상환에 이용 가능한 채권발행자의 수입을 측정하는 경제적 분석을 기초로 매겨진다. 그런데 전문가들이 합리적으로 예측할 수 있는 기간은 6~12개월 정도라고 한다. 그 이상은 단순히 추측될 수 있다. 따라서 만기가 1년 이상인 채권의 신용 질(신용등급)은 추측에 불과하다고 말할 수 있다. 결국 신용등급은 일정 기간이 지나면 재검토되어야 한다.

신용등급은 기업 차입비용에 영향을 준다. 즉 투자자를 유인하기 위해 지불해야 하는 이자를 결정하는 데 중요한 요인이 되는 것이다. 신용이 높은 사람은 낮은 사람보다 저렴한 금리로 자금을 쉽게 빌릴 수 있는 것과 같은 이치다. 따라서 신용등급이 높으면 저리로 자금을 끌어올 수 있다.

신용등급이 하향 조정되면 채권가격은 당연히 떨어진다. 물론 등급이 올라가면 채권가격은 상승한다. 사실 신용등급 조정보다는 그 가능성만 제기되어도 가격이 변동한다. 투자자들이 조정 가능성을 보고 채권을 사거나 팔려고 하기 때문이다. 물론 이러한 변동은 시중 금리 변화가 채권가격에 미치는 영향에 비해 적은 편이다. 일반적으로 신용등급이 한 단계 정도 변할 때 가격 차이는 1~2%포인트 정도로 크지 않다. 그러나 개인투자자들은 적은 폭의 조정에도 앞질러 크게 반응한다.

신용등급의 하향조정이 곧바로 채권 안전성에 영향을 미친다고는 할 수 없다. 그러나 신용등급이 투자적격 미만으로 떨어지면 얘기가 달라진다. 신용등급이 한 단계 이상 급락할 경우와 지속적인 신용등급의 하향조정은 아주 좋지 않은 소식이다. 투기등급에 속하는 채권들은 지급불능 상태가 될 가능성이 상대적으로 높은 편이다. 디폴트되더라도 투자 원금 모두를 잃는 경우는 드물며, 대부분의 경우 이자가 제때 지급되지 않는 경우가 많다. 그런데 디폴트와 더불어 채권가격은 급락(금리는 급등)한다. 이 때 투기세력이 붙으면서 채권가격이 빠르게 회복되는 경우도 있다.

일반적으로 채권투자를 할 때는 시장위험을 줄이기 위해, 우선 신용등급을 살펴야 할 것이다. 하나의 채권에 대해 평가기관에 따라 투자등급이 다르다면, 낮은 등급을 적정한 것으로 간주한다. 투자대상 채권의 다각화도 필요하다. 여러 채권에 분산투자해야 한다. 분산투자는 발행자가 다르다는 의미다. 만기의 다양화도 필요하다. 이는 시장위험을 줄이기 위한 적절한 방어수단이 될 수 있다.

채권의 신용등급을 주식투자에도 응용해볼 수 있다. 위험회피 성향이 커

■ 표 4-3 기업어음의 신용등급

신용등급	의 미
A1	적기상환 능력이 최상이며 상환 능력의 안정성도 최상임
A2	적기상환 능력은 우수하나 안정성은 A1에 비해 다소 열위임
A3	적기상환 능력은 양호하며 안정성은 A2에 비해 열위임
B	적기상환 능력은 적정시되나 단기적 여건 변화에 따라 안정성에 투기적 요소가 내포되어 있음
C	적기상환 능력과 안정성에 투기적 요소가 큼
D	상환불능 상태임

안전투자를 선호하면 투자등급이 높은 회사의 주식을 눈여겨보면 된다. 반대로 투기성향이 짙다면, 역시 투기등급을 받은 회사 주식을 목표로 삼는다. 아울러 경기불황기나 유동성이 부족할 경우, 투자등급이 높은 회사 주식을 선호해볼 만하다. 투자등급이 높은 기업은 원리금 상환능력이 높은 만큼, 현금흐름 또한 좋을 것으로 예상할 수 있기 때문이다.

단기투자자의 경우 기업어음의 신용등급을 참조해도 좋다. 기업어음의 등급에는 A1~D등급까지 6단계가 있다. A1~A3까지는 적기상환 능력이 있는 투자등급이다. 반면에 B와 C는 환경 변화에 따라 적기상환에 영향을 받을 수 있는 투기등급이다. 따라서 단기투자자라 해도 위험에 소극적이라면 투자등급을 받은 기업의 주식을 노리면 된다. 반대로 위험에 적극적인 투자자는 역시 투기등급을 받은 기업의 주식을 겨냥할 만하다.

미국 기업의 실적, 믿지 말라

2000년 이후부터 우리나라 투자자들은 미국의 기업실적에 촉각을 곤두세워왔다. 미국 기업이 우리나라 시장에 상장되지도 않았는데, 왜 그랬을까? 이유는 간단하다. 미국 주가는 대체로 기업실적에 따라 움직이고, 이는 곧바로 우리나라 시장에 영향을 주기 때문이다. 미국 시장이 마감된 후 미국 기업들의 실적이 발표되면 우리나라 주가가 먼저 움직인다. 그리고 나중에 미국 주가가 우리나라와 방향을 같이했다. 미국 주가보다 우리나라 주가가 앞서곤 했던 것이다. 물론 장 마감 후의 미국 실적발표는 24시간 운용되는 나스닥 선물 등에 바로 반영되곤 했다. 따라서 나스닥 선물시장의 동향에 따라 우리 주가가 춤을 추는 경우도 많았다.

미국이 회계선진국이라지만, 엉터리 결산실적을 발표하는 기업들이 의외로 많다. 미국의 주간 경제지인 〈비즈니스 위크(Business Week)〉는 이를 특집으로 다루기도 했다. 미국 증권관리위원회와 회계전문가들도 미국 기업의 뻥튀기된 실적에 대해 경고했다. 전문가라고 하는 펀드 매니저를 포함한 많은 투자자들에게 실적 호전 여부에 따라 매매를 하되, 이를 너무 믿지 말라는 내용이었다.

투자자들에게 실적의 사실 유무는 그렇게 중요한 게 아니다. 다만 실적의 호전 여부가 중요하다. 이에 따라 기업들은 동원 가능한 방법을 이용해 실적을 부풀려 발표했다. 전통적인 회계방법에 따르면 적자를 기록했으나, 진보적인 방법을 채택해 흑자로 발표하면서 투자자들을 오도했다. 특히 실적 발표를 먼저 하고 증권관리위원회 보고가 나중에 이뤄지는 시간 차이를 이용해 부실 실적을 발표하는 사례가 급증했다. 10여 년에 걸친 미국의 호황은 이러한 기업들의 실적 왜곡을 확대시켜왔다는 지적도 나왔다.

최근 들어 경기가 둔화되면서 과거에 행해진 분식결산이 문제점으로 부각되고 있다. 이에 따라 투자자들은 합리적인 투자 의사결정의 근간이 되는 기본적인 질문에 대한 답조차 얻지 못하고 있다. "당기순이익은 얼마인가?", "수익성이 있는 사업인가?", "PER는 어느 정도인가?" 등의 질문이 무의미해지고 있다. 미국 기업들이 어떠한 방법으로 실적을 부풀리고 있는지 살펴보자.

◎ '프로 포마'에 의한 실적과장

프로 포마는 형용사로 '형식상의', '견적상의', 또는 '임시의' 등으로 풀이된다. 따라서 프로 포마 결산이라면 '가(假)결산'이라는 의미인 셈이다. 회계학에서 이야기하는 '일반적으로 인정된 회계기준(GAAP)'에 따른 결산이 아니라, 대충 했다는 얘기다.

프로 포마 회계는 새로운 사업분야라든가 합병 등에 따른 이익을 조망하기 위해 고안된 방법이다. 그러나 점차 불안정한 사업환경에서 기업실적을 모호하게 만들기 위해 이용되기 시작했다. 전통적인 구경제 기업보다는 신경제 기업들이 "GAAP는 산업사회의 산물로, 정보화사회에는 적합하지 않다"라며 프로 포마 회계방식으로 실적을 발표하고 있다. 이들은 산업사회가 정보화사회로 바뀌고 있기 때문에 회계처리 방식에도 변화가 있어야 한다고 주장하며 이를 적극적으로 옹호하고 있다.

GAAP는 정부·기업·감사인 등이 수십 년 간 다듬어온 일련의 회계원칙이다. 기업의 재무 상황을 그나마 공정하게 나타내고 있으며, 경영자들이 기업실적을 과대보고하지 못하도록 규제하고 있다. 아울러 사업 분야나 사업의 발전단계를 무시한 채 모든 기업에 일률적으로 적용한다. 그러나 적어도 일관성이 있으며 객관적인 방식으로 기업실적의 비교 가능성을 갖는다는 장점이 있다.

우리가 잘 아는 인터넷 기업인 야후(Yahoo)가 프로 포마 방식을 이용해 처음으로 실적을 발표했다. 다른 인터넷 기업을 인수할 때 수반된 비용을 제외하는 방식을 통해 GAAP에 의한 실적보다 무려 35%나 높은 실적을 발표했다. 최근에는 스톡 옵션에 대한 소득세 등 시간이 지날수록 비용계산에서 제외되는 항목이 늘어났다.

아마존(Amazon)의 경우는 더욱 심하다. 2001년 1/4분기 당기순이익이 프로 포마 방식에 따라 7,600만 달러(주당 21센트)의 순손실을 기록했다고 밝혔다. 그러나 증권관리위원회에 보고한 순손실의 규모는 무려 2억 3,400만 달러(주당 66센트)로서, 큰 차이를 보였다. 이 밖에도 프로 포마를 이용해 손실을 흑자로 돌리거나 이익을 확대하는 기업이 많이 있다.

◎ **공급자 금융**

성장성을 따질 때는 무엇보다도 매출신장 여부가 중요하다. 특히 1990년대 기술기업의 경우, 이익은 작아도 매출이 증대하면 성장주로 간주돼 매수세를 자극했다. 따라서 성장성에 대한 주식시장의 요구는 자기자금으로 매출을 부풀리는 등 부실한 실적을 양산했다. 물건을 파는데, 그 대금을 판매회사가 대신 지급하는 것이다. 판매대금은 외상매출이 될 수도 있고 자금 지원이 될 수도 있다. 이를 공급자 금융이라고 한다. 공급자가 소비자에게 제공하는 금융은 건전한 판매전략의 하나다. 그러나 남용되면 위험한 사업방식이 된다.

2001년 2월 휴대전화 제조업체로 이름난 모토로라(Motorola)는 터키의 제2무선통신회사인 텔심(Telsim)으로부터 15억 달러의 주문을 받았다. 그러나 3월에 발표된 모토로라 자료에는 텔심으로부터 받아야 할 대출채권이 17억 달러에 이른 것으로 나타났다. 매출은 크게 늘어났으나 실제로 자기 자금이 동원된 것이다. 모토로라는 이에 대해 동사의 영업관행으로, 대출자산의 절반 이상이 담보되어 있어 문제가 없다는 입장을 밝혔다. 그러나 투자자들의 반응은 냉담했다. 이러한 사실이 드러난 후 모토로라의 주가는 무려 69%나 폭락했다.

◎ **스톡 옵션의 비용처리**

스톡 옵션은 임직원들이 주식을 시가보다 싸게 살 수 있는 권리를 말한다. 신입직원 채용과 기존 인력의 이탈을 막기 위한 수단으로써 효과적으로 활용되고 있다. 물론 저임금으로 우수 인력을 이용할 수 있다.

이 스톡 옵션은 넓은 의미에서 임금이지만, 스톡 옵션에 드는 비용은 수익을 계산할 때 비용으로 감안하지 않아도 된다. 현금으로 지급되어 수익에서 차감되는 임금과는 회계처리 방식이 다르기 때문이다. 따라서 임직원들이 옵션을 행사하면 보통주의 가치는 희석되지만, 그 전까지는 이익을 부풀릴 수 있다. 비용 인식을 옵션 행사 뒤로 미루기 때문이다. 이러한 문제점에 따라 스탠더드 & 푸어스(S&P)는 2002년 5월 스톡 옵션 비용을 즉시 반영해 기업들의 실적을 검증하기로 했다.

◎ 시기조정을 통한 실적조정

매출은 빨리 계산하고 비용은 늦게 처리하면, 당장은 이익증가를 유발시킬 수 있다. 이는 전형적인 이익조작 수법이다.

최근 들어서는 자산의 내구연한을 연장함으로써 감가상각비를 줄이는 방법을 통해 비용을 낮추기도 한다. 부실 채권을 축소하는 방법도 수익을 확대시킬 수 있다.

한 기업은 무선통신 허가권에 대한 상각기간을 20년에서 40년으로 늘렸다. 허가권의 갱신이 가능하기에 문제가 없다는 게 회사의 설명이다. 그러나 새로운 대체기술이 등장하면 허가권의 가치는 순식간에 사라지는 경우가 발생할 수 있다는 점에서 이러한 주장은 매우 위험하다.

◎ 전기손익 수정을 통한 이익증대(big bath)

경제가 불황기에 처해 있을 때 대규모 구조조정 비용을 집중적으로 계산해 실적을 더 악화시킨다. 당장 손실은 커지나 미래 비용을 줄여 이익을 크게 증가시킬 수 있다. 이를 흔히 '빅 배스(big bath)'라고 한다. 이와 같은 방법은 때로 새로운 경영자가 전임자에게 부실경영 책임을 전가시키기 위해 사용하기도 한다.

앞에서 소개한 다양한 방법을 통해 실적을 조작한 사실이 드러나는 데는 상당한 기간이 걸린다. 따라서 투자자들은 그 기간 동안 속을 수밖에 없다. 아메리칸 온라인(AOL)은 잠재 고객에게 배포한 수백만 장의 디스크 비용을 상당 기간 이연시켜가며 수익감소를 막았다. 그리고 이익을 실제보다 부풀림으로써 현금조달을 위한 증자를 더욱 쉽게 하며 자금을 끌어들였다. 이러한 실적 부풀리기는 당장 주가에 호재로 작용할 수 있다. 하지만 신뢰감 상실에 따른 이미지 파괴를 감안하면, 장기적으로는 결코 좋은 결과를 엮어낼 수 없다.

우리나라는 과거 분식결산에 대해 면죄부를 주어야 한다는 주장이 나올 정도로 적절치 못한 회계처리가 관례적으로 이뤄져왔다. 공인회계사·기업재무담당자 등 회계 관계자를 대상으로 설문조사한 결과, 70% 이상이 외부감사를 마친 재무제표를 신뢰할 수 없다고 응답했다. 사정이 이러하니 PER·성장주·주당자산가치 등 주가관련 지표가 무슨 소용이 있나 싶다.

S&P의 순익

기업이익은 가치평가의 기본 재료다. 그런데 기업이익 산출에 대해 다양한 방법이 동원되면서 투자자들에게 혼란을 주고 있다. 우리나라에서는 경상이익·당기순익 등을 기업가치평가의 기본 데이터로 이용하고 있다. 그런데 미국에서는 공시순익·영업순익·프로 포마 순익 등 가치평가 기준이 혼재돼 있다.

2002년 5월 세계적인 신용평가기관인 S&P는 기업 평가에서 핵심순익(core earnings)에 중점을 둔다고 밝혔다. 핵심순익은 기업의 기본적인 사업으로부터 창출되는 순익을 말한다. 핵심순익은 공시순익(일반적으로 인정된 회계원칙에 따른 순익으로, 우리나라의 당기순이익이 해당된다)에서 몇 가지 조정을 거쳐 산출된다.

핵심순익은 기업의 경상활동에 포함된 수익과 비용을 포함하고 있다. 따라서 헤징 활동에 따른 미실현이익 등 비경상활동 수지는 배제된다. 예를 들어 종업원 급료, 원재료 구입, 장비 감가상각비 등은 포함되는 반면에, 법정해결분쟁비용, M&A(기업 인수합병) 비용, 파이낸싱 비용 등은 영업활동의 결과가 아니기 때문에 배제된다.

핵심순익이 기업평가의 잣대로 사용될 경우 미국 기업들의 순익은 줄어드는 것으로 추산되고 있다. 이는 다우지수, 나스닥지수와 더불어 3대 지수에 속하는 S&P 500지수 평가에 영향을 미치게 된다. 핵심순익 기준으로 기업들의 순익이 줄면서 S&P 500지수의 PER가 높아지게 되고, 결국 주가에 대한 고평가 인식이 높아지면서 주가에 부정적인 영향을 미칠 것으로 보인다. 물론 S&P는 신용평가기관이기 때문에 기업들에게 핵심순익을 채택하라고 강제할 수는 없다. 그러나 기업 평가가 핵심순익을 기준으로 이뤄질 경우 주가에 미치는 영향력을 무시할 수는 없을 것이다.

네번째 메모 | 투자의 변수 체크하기

프로 포마 실적의 유용성

미국 기업들의 실적보도 자료를 보면 프로 포마라는 단어가 많이 등장한다. 실제로 프로 포마 회계는 새로운 사업이나 합병 등의 경우 이익을 조망해보기 위해 등장했다. 일반적으로 회계년도 중에 합병을 한 기업이, 실적보고 전체기간 동안 하나의 기업이었다면, 벌어들일 수 있는 수익은 얼마인지를 보여주기 위한 방법이었다.

그러나 최근 들어서는 합병 외에도 프로 포마 방식을 적용하고 있어 재무상황 판단에 혼란을 주고 있다. GAAP가 아닌 프로 포마에 의한 실적보고가 당연시되고 있다. 이에 따라 기업들이 발표하는 실적이 투자자들을 오도하고 있다는 비난이 일고 있다. 미국의 약 6,000여 개 기업 가운데 200~300개 정도가 프로 포마 회계로 산출한 실적을 투자자들에게 알리고 있다. 반면에 미국 증권관리위원회에 보고하는 실적은 GAAP에 의거한 자료다.

프로 포마 회계의 근간은 비정상적인 비용을 배제하는 데 있다. 무형자산 상각비용, 주식 보상비용 외에 심지어 새로 시작한 사업부문의 손실이나 마케팅 비용까지 제외한 채 수익을 계산한다. 따라서 부풀려진 수익이 산출될 수밖에 없다.

프로 포마 회계를 선호하는 사람들은, 정보화사회에서 프로 포마 회계가 핵심사업의 성과를 더욱 정확하게 반영한다고 주장한다. 따라서 투자자에게 도움이 된다고 강변하고 있다. 그러나 이에 반대하는 학자들은 투자자를 현혹시키며 극단적인 경우, 사기행위에 해당한다는 비난을 하고 있다. 프로 포마 기법은 1990년대 이래로 확산되어왔으나 투자자에게 도움이 됐는지, 아니면 타격을 주었는지의 여부를 결정하기에는 아직 시기상조라는 견해도 있다.

한편 미국 증권관리위원회는 프로 포마 회계가 투자자를 기만하고 있다고 보고 이에 대한 제재방안을 모색 중이다. 또 증권관리위원회는 실적보고와 공식보고서를 제출하는 기간이 3주나 되는 점을 감안, 이를 3~7일로 단축하는 방안도 검토하고 있다.

어쨌든 프로 포마 회계는 실질적인 순익의 현금흐름을 감추려는 의도가 강하다는 목소리가 높아지면서 "나쁜 것을 제외한 모든 것(Everything But Bad Stuff : EBS)"이라는 말로 혹평을 받고 있다. 따라서 미국 기업들이 발표하는 실적보다 증권관리위원회에 보고하는 자료를, 투자자들은 좀더 주목해야 할 것이다.

돈에도 도덕성(?)이 있다

돈은 머물러 있지 않다. 늘 수익을 좇아 움직인다. 정체되어 있는 듯하지만 꾸준히 움직인다. 자금이 고수익을 향해 움직이는 것을 '지배의 법칙'이라고 한다. 지배의 법칙이 자금을 이리저리 돌린다.

최근 들어 수익보다는 도덕성에 우선순위를 두고 움직이는 자금이 있다. 바로 사회적 책임투자(Socially Responsible Investment : SRI)를 말한다. SRI는 환경이나 사회적인 도덕성이 우수한 기업을 대상으로 한다. 미국의 캘리포니아 공공부문 근로자를 위한 연기금인 캘퍼스(Calpers), 네덜란드의 ABP, 뱅가드 펀드 그룹 등이 SRI에 앞서나가고 있다. 특히 ABP는 최근 2억 달러의 SRI를 결성해, 세계 여러 나라를 놀라게 하기도 했다. 미국의 비영리단체인 사회투자포럼은 미국의 SRI 규모가 2조 달러를 넘어섰다고 보고 있다. 경제발전과 더불어 기업의 사회적 책임이 강조되고 있는 점을 감안하면, SRI

가 활성화될 것으로 보인다.

그러나 기업의 도덕성에 대한 개념이 매우 모호해, 이에 대한 시각은 아직 부정적인 측면이 강하다. 예를 들어 보자. 생명을 살릴 수 있는 약을 만드는 회사가 가난한 나라에서 가격을 인하하지 않는다면, 그들에게 사회적 책임감이 있다고 할 수 있는가? 동물을 대상으로 실험을 하는 회사도 마찬가지다. 동물애호가 입장에서는 아주 나쁜 회사로 인식된다. 담배·도박·원자력발전 등을 담당하는 업체는 성격상 사회적 책임을 다할 수 없는 회사다. 당장은 아니더라도 결국은 인간에게 해를 끼치기 때문이다. SRI 개념에 모호성이 있기는 하다. 그래도 투자가 기업 도덕성에 중점을 두고 이뤄지는 점에서 관심을 모으고 있다.

우리나라의 경우 SRI는 현실적으로 존재하지 않는다. 남북협력기금이나 불우이웃돕기 등 사회활동에 필요한 자금을 지원하기 위한 펀드는 설정되어 있으나, 이는 수익을 겨냥하는 투자라기보다는 기부금의 성격이 강하다.

SRI는 기업의 사회적 책임을 강조하므로 주주가치 제고에도 높은 관심을 보일 것이다. SRI가 우리 시장의 테마로 자리잡을 수 있을지 궁금하다.

애널리스트의 잘못된 추천에 의한 손실은 보상받는다

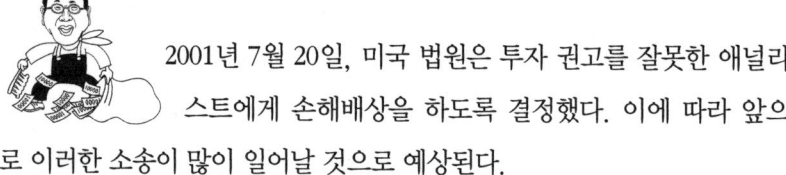2001년 7월 20일, 미국 법원은 투자 권고를 잘못한 애널리스트에게 손해배상을 하도록 결정했다. 이에 따라 앞으로 이러한 소송이 많이 일어날 것으로 예상된다.

마흔여섯 살의 소아과 의사인 디베이시즈 칸질랄은 메릴린치(Merrill Lynch)의 애널리스트 헨리 블로짓(Henry Blodit)의 매수 추천에 따라 인포스페이스(InfoSpace) 주식을 매수했다. 그러나 추천과 달리 주가가 떨어지자, 그는 240만 달러의 손해배상 소송을 냈다. 세계 최대 증권회사인 메릴린치는 법정공방 비용이나 명예 등을 고려해 40만 달러를 물어주었다.

이 소송의 주된 관점은 추천이 의도적이라는 데 있었다. 다시 말해 추천종목과 회사, 그리고 애널리스트 사이에 이해관계가 얽혀 있었다는 얘기다. 이 소송은 월 스트리트의 많은 애널리스트들이 자신들의 회사와 이해관계가 있는 특정 기업에게 유리하도록 투자를 권하는 관행에 쐐기를 박을 것으로 예상된다. 물론 이해관계가 없었다면 손해배상 소송으로까지는 이어지지 않았을 것이다. 증권회사나 애널리스트 개인의 이익을 위해 추천을 했기 때문에 배상금을 물어준 것이다. 메릴린치는 이 같은 사례를 방지하기 위해 애널리스트들에게 리서치 대상 주식의 보유를 금지하도록 조치했다. 미국 증권거래위원회(SEC)와 미국 증권거래인협회(NASD)도 애널리스트들이 종목 추천을 할 때에는 그들이 속한 증권회사와 투자를 권고한 회사와의 관계를 밝히도록 하는 새로운 규정을 도입하기로 했다.

우리나라에서도 이와 비슷한 추천이 많이 이뤄지고 있다. 기업공개를 주선한 주식 또는 계열사 주식을 추천하는 경우가 대표적이다. 심한 경우 증권사들이 갖고 있는 주식을 처분하기 위해 매수를 권고하는 경우도 있다.

물론 이에 대해 증권사들도 할 말이 많다. 투자자에게 종목을 추천하려면, 일단 그 종목을 분석해보아야 한다는 것이다. 여기에 주가가 얼마나 갈 수 있는지도 지켜본 다음, 확신이 서면 매수를 추천한다. 그런데 매수 추천이 이뤄지면 대체로 주가가 상승하며 과대평가될 수 있다. 이 때는 어쩔 수 없이 매도해야 한다는 것이 이들의 주장이다.

그럴 듯하다. 그러나 매수추천을 한 후 매도를 하려면 미리 알려야 했을 것이다. 다시 말해 고평가됐으니 처분할 필요가 있다는 얘기를 했어야 한다. 그러나 대부분 아무 말도 않고 그냥 처분해 일단 이익을 챙기는 게 문제다. 누가 봐도 사기라고 할 수밖에 없다. 증권사의 추천종목을 무조건 믿는 투자자들 역시 책임이 없다고는 할 수 없다. 투자의 책임은 결국 투자자 자신이 져야 하기 때문이다.

2002년 우리나라 금융당국은 증권사 또는 애널리스트와 이해관계에 있는 추천에 대해 규제를 하기도 했다.

신경제, 그리고 성장은 허풍이다

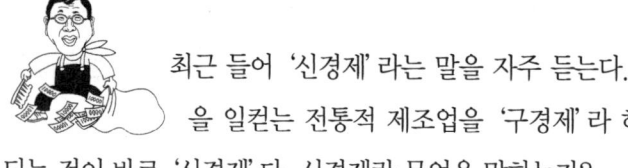 최근 들어 '신경제'라는 말을 자주 듣는다. 흔히 굴뚝산업을 일컫는 전통적 제조업을 '구경제'라 하며, 이에 대비되는 것이 바로 '신경제'다. 신경제란 무엇을 말하는가?

 일반적으로 경기호황이 장기화되면 노동수요가 증가한다. 노동수요가 늘어나면 임금이 오르고, 물가도 덩달아 상승한다. 이것이 곧 전통적인 경기변동 이론이다. 그런데 1990년대 미국의 물가는 낮은 상승률을 보였고, 실업률도 4.5%에 불과했다. 그러나 경기는 호전 추세를 이어갔다. 장기호황·저물가·고성장이라는 이상적인 경제상황이 전개되었다. 이를 신경제라고 한다. 이러한 신경제의 마법은 언제까지 지속될까? 엄밀히 따져보면 허구일 뿐이다. 기업 비용을 사회적 비용으로 분산시키면서 나타난 일시적 현상으로 판단된다. 무시할 정도로 잘게 쪼개진 사회비용이 축적되면서, 결국 신경제는 막을 내리게 될 것이다.

신경제를 거론할 때는 정보기술(information technology : IT)이라는 말이 뒤따른다. IT는 인터넷으로 대표되는데, 이는 한때 성장을 대신하는 말이었다. 과연 그런가? 외형상으로 볼 때는 맞는 말인 듯싶다. 그러나 실제로는 결코 그렇지 않다. 미국 은행의 예를 들어 살펴보자.

고객이 은행에 직접 가서 한 번 거래를 할 때마다 1.27달러의 비용이 든다고 한다. 인건비·건물비·전산처리비 등을 모두 합한 금액이다. 우리가 흔히 현금지급기로 알고 있는 자동현금입출금기(ATM)를 이용하면 1회 거래비용은 27센트로 급감한다. ATM에는 사람이 필요 없으며 설치 면적이나 장소에도 거의 구애를 받지 않는다. 인건비·건물비 등이 큰 폭으로 줄어든다. 집에서 인터넷으로 금융거래를 하면, 비용은 1센트로 다시 대폭 줄어든다. 엄청난 비용 감소다.

은행 측면에서 살펴보자. 우선 인터넷 이용이 확산되면 비용은 크게 감소한다. 거래 건당 1.27달러의 비용이 1센트로 대폭 낮아진다. 거래 건당 1.26달러가 절약되는 셈이다. 따라서 은행으로서는 그만큼 이익이 늘어난다. 거래가 쌓이면 은행의 수지가 대폭 개선된다. 여기에 인터넷의 편리성은 고객 증가를 유발한다. 매출에서의 성장을 기대해볼 수 있다.

인터넷을 이용하는 고객의 입장에서 따져보자. 우선 인터넷을 이용하려면 컴퓨터가 있어야 한다. 그리고 전기와 전화도 필요하다. 이 비용은 누가 부담하는가? 바로 고객이다. 이런 관점에서 볼 때 인터넷은 비용을 수많은 사람들에게 분담시킨다.

이용자들은 대부분 분담된 비용이 너무 적어 무시한다. 그러나 이를 사회 전체적으로 모아보자. 그러면 매우 많아질 것이다. 물론 인터넷 이용으로 절감된 1.26달러보다는 적을 것이다(물론 이보다 많을 것이라는 가정도 해볼 수 있다. 장기적인 관점에서 보면 적다고 보는 게 합리적일 듯싶다).

은행은 비용 절감을 통해 수지가 좋아진다. 좋아지는 만큼 그 비용은 사회가 부담한다. 기업의 입장에서는 상당히 호전됐으나 사회 전체적으로는 그렇지 않다. 성장이라는 이름 아래 폭등세를 구가하던 인터넷 기업들이 무너지는 주된 이유는, 바로 이 사회비용 인식에서 출발했다고 할 수 있다. 한 마디로 신경제는 허풍이었던 셈이다.

인터넷은 하나의 통신수단일 뿐이다. 유선이든 무선이든, 이는 수단일 뿐 목적은 아니다. 또 앞의 예에서 살펴본 것처럼 비용 절감에 의한 수익증가에는 한계가 있게 마련이다. 1센트면 한계에 달한 것으로 보아야 할 것이다. 따라서 더 이상의 수익증가는 어려워진다. 다시 말해 '인터넷 = 성장'이라는 등식이 벽에 부딪힌 셈이다.

신경제와 관련해 닷컴기업들이 각광을 받았으나 수익모델을 갖추지 못함으로써 결국에는 무너졌다. 닷컴은 영어로 '.com(e)'이다. 이들 기업이 사라지면서 '.gon(e)'이 됐다. 왔으니 가는 게 당연하지 않겠는가!

9·11 테러는 제3차 세계대전의 신호?
엘리엇 파동이론

기술적 분석을 하는 사람은 누구나 R. N. 엘리엇(R. N. Elliott)의 파동이론을 알고 있다. 하나의 파동은 상승파와 하락파로 이뤄진다. 이 때 상승파는 다섯 개의 작은 파로 형성되고, 하락파는 세 개의 파로 구성된다는 게 엘리엇 파동의 기본 이론이다.

또 엘리엇 파동이론은 레오날도 피보나치(Lenardo Fibonacci) 급수를 기본으로 하고 있다. 다음에 나열된 수들을 살펴보자.

1 2 3 5 8 13 21 34 55 89 144 233 …

이들 수열은 1과 2를 제외하면, 앞의 두 수를 합한 수가 다음에 늘어서 있다. 예를 들어 21은 앞의 8과 13의 합이다. 233은 89와 144를 더한 수다. 피보나치 급수는 주가뿐만 아니라 사회적 변화 시점을 파악하는 데 이용되기도 한다.

피보나치 급수로 전쟁사를 따져보면 2001년 9월 11일에 발생한 미국 테러가 제3차 세계대전의 시발점이 될 수 있다는, 상상하기 싫은 결론을 낼 수 있다. 이러한 주장은 필자의 견해가 아니다. 엘리엇 파동이론의 전문 사이트인 엘리엇웨이브닷컴(Elliotwave.com)이 소개하고 있다. 이들의 분석을 한번 살펴보자.

1914년 오스트리아 대공 암살로부터 촉발된 제1차 세계대전은 1918년에 끝났다. 4년 만에 종결된 것이다. '4'라는 수치는 3년보다 1년이 길다. 엘리엇 파동이론에서 흔히 나오는 연장이 이뤄진 것으로 볼 수 있다.

제1차 세계대전이 끝나고 20년 동안 평화기간이 지속됐다. 20은 21보다 하나가 적다. 제1차대전의 기간 4년이 3년에서 1년 연장된 만큼 평화기간이 21년에서 1년 감소했다.

1938년 독일의 아돌프 히틀러(Adolf Hitler)가 오스트리아를 점령했다. 이로써 제2차 세계대전이 촉발됐다. 제2차 세계대전은 1945년에 막을 내렸다. 7년 동안 전쟁이 이뤄졌다. 이는 8이라는 수치보다 1이 적다. 종전 이후 2001년까지 국지전을 제외하면 평화기간이 지속됐다. 56년 동안이다. 56이라는 수 역시 55보다 1이 많다. 즉 1년 연장됐다고 할 수 있다. 〈그림 4-6〉을 참조해보자. 8년보다 1년이 적은 기간 동안 전쟁이 전개되는 만큼 평화기간이 1년 더 늘었다고 할 수 있다.

제1차 세계대전 이후 전쟁과 평화기간만을 적어보자. 4년(3+1), 20년(21-1), 7년(8-1), 56년(55+1)으로 피보나치 급수와 비슷하다. 4년에 걸친 제1차 세계대전은 1918년에 막을 내렸다. 그로부터 20년 후인 1938년에 제2차 세계대전이 시작되었다. 7년 후인 1945년에 끝났다. 그리고 56년 후인

■그림 4-6 전쟁과 평화, 그리고 피보나치 급수

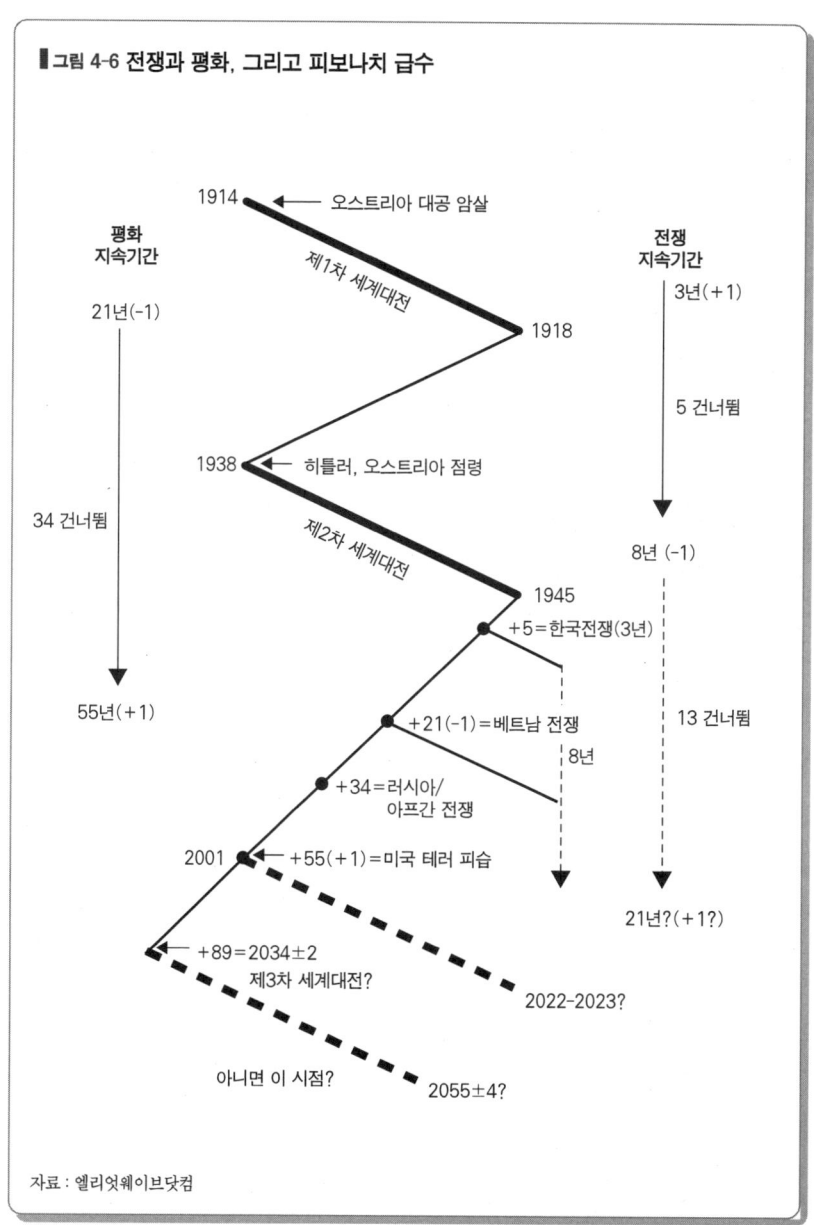

자료 : 엘리엇웨이브닷컴

2001년까지 평화기간이 지속되었다.

　1945년 이후 국지전을 따져보면 흥미로워진다. 제2차 세계대전이 끝나고 5년 후인 1950년에 한국전쟁이 일어났다. 3년 동안 지속되었다. 20(21-1)년 후인 1965년 미국이 베트남전에 참전했다. 8년 동안 전개됐다. 34년 후인 1979년, 러시아가 아프가니스탄과 전쟁을 시작했다. 7년(8-1) 동안 싸웠다. 그리고 56년(55+1) 후인 2001년, 미국이 테러를 당했다.

　꼭 들어맞는다고 할 수는 없지만 2001년 9·11 테러가 제3차 세계대전의 계기가 될 수 있음을 말해준다. 만약 제3차 세계대전이 일어난다면 얼마나 지속될지 따져보는 것도 흥미로울 것이다. 제1차 세계대전은 3(+1)년, 제2차 세계대전은 8(-1)년 동안 지속됐다. 피보나치 급수 '3 5 8 13 21…'에서 5를 뛰어넘었다. 따라서 13을 뛰어넘는다고 하면 21이라는 수치가 나온다. 2001년에 제3차 세계대전이 일어났다면, 2022~23년까지 전쟁이 지속될 수 있다고 할 수 있다.

　이런 계산은 어떨까. 2001년에 전쟁이 일어나지 않는다면, 제2차 세계대전이 끝나고 89년 후가 되는 2034년에 전쟁이 일어날 수도 있다.

주식양도차익과세제도를 도입하라

 주가 부양 내지는 소비 촉진을 위한 정부대책으로 흔히 감세 또는 면세 등의 혜택이 자주 이용된다. 세금을 줄이거나 아예 면제해줌으로써 소득을 늘려준다. 소득이 증가하는 만큼 소비가 늘어난다는 게 이 정책의 기본 논리다. 그런데 우리나라의 경우 주식에 부과되는 세금은 거래세뿐이다. 거래세는 매도금액의 0.3%다. 이것도 거래세는 0.15%이며, 나머지 0.15%는 농어촌특별세다. 이를 합쳐 흔히 거래세라고 한다.

 거래세율은 탄력적으로 적용된다. 상황에 따라 일시적으로 변화를 줄 수 있다는 얘기다. 주식시장이 과열되면 세율을 올려 장세를 진정시킬 수 있다. 그런가 하면 세율을 낮추거나, 아니면 아예 없애 투자자 부담을 줄여줄 수 있다. 실제로 세율 조정에서 변화폭은 별다른 문제가 되지 않는다. 단, 정부가 주식시장에 대해 어떤 시각을 갖고 있는지를 보여주는 것만으로 투자심리에 영향을 준다.

거래세는 주식을 팔면 무조건 세금을 거둬간다. 주식투자로 수익을 올리든 손해를 보든, 따지지 않는다. 물론 주식을 팔지 않으면 세금을 내지 않는다. 주가가 크게 올라 엄청나게 부자가 되어도 팔지 않으면 세금이 없다. 물론 주식을 보유하고 있어도 부동산이나 자동차세처럼 재산세가 부과되지 않는다. 마치 장기투자를 하면 세금을 내지 않는 것과 같은 느낌을 준다. 이런 측면에서 보면 거래세는 돼지나 소를 잡을 때 내는 도축세와 비슷하다. 일종의 허가세라고도 할 수 있다.

이러한 거래세는 사실 웃기는 얘기다. 주식투자로 손해를 봤는데 세금을 내야 한다니…. 세금을 내는 만큼 손실이 커진다. 투자 손실로 손해를 보았는데도 세금을 내야 하는 부당함(?)을 바로잡기 위해서는, 매매차익에 대해 세금을 부과하는 제도를 도입하면 된다. 투자 수익에 대해 과세를 하는 양도차익과세제도를 말한다. 흔히 자본이득세 또는 캐피털 게인 택스(capital gain tax)라고 한다. 양도차익과세는 투자자별로 적용된다. 수익과 손실을 따져 소득이 있을 경우에만 세금을 내게 된다. 손실에 대해서는 세금이 부과되지 않는다. 그런가 하면 손실을 수입에서 공제하는 방안도 생각해볼 수 있다.

주식양도차익과세는 "소득이 있는 곳에 세금이 있다"라는 취지와도 일치한다. 손실이 수익보다 커 소득이 없으면 당연히 비과세된다. 양도차익과세는 주식을 처분할 때마다 부과되지 않고, 보통 1년 단위로 내게 된다. 다른 소득이 있는 경우 합산하는 방법, 또는 분리 과세하는 방법도 있다. 대체로 다른 소득과는 분리시켜 세금을 내면 끝이다. 다른 소득과 합산할 경우 투자 손실이 공제되는 효과를 누릴 수 있다.

2001년 10월 정부가 주가 부양을 위해 새로 도입한 장기증권저축상품의 손실을 소득세에서 공제하는 방안을 마련하려 했던 것과 같은 이치다. 투자 책임은 스스로 진다는 기본원칙에 따라 손실을 세금으로 공제해주는 방안은 채택되지 않았다. 다만 투자금액의 일정분(첫 해 5%, 이듬해 7%)을 세금에서 공제하기로 했다.

양도차익과세제도가 도입되어 투자수익이 많아지면, 그만큼 세금을 더 내게 된다. 조세형평의 원칙에 부합된다. 아울러 거래세와 마찬가지로 세율 조정을 통해 시장 부양정책은 그대로 유지할 수 있다. 세율조정을 통한 시장안정 효과도 더욱 커진다. 무엇보다도 손실을 수익에서 보전시킬 수 있다는 장점이 있다. 손실을 어느 정도 상쇄시킬 수 있다는 점에서 현재의 거래세제도보다 유리할 수 있다.

양도차익과세와 관련된 미국 주식시장 현상으로 '1월 효과(January Effect)'를 들 수 있다. 투자자들은 '1월=강세장'이라는 등식으로 1월 효과를 이해하고 있다. 이는 잘못이다. 1월 효과는 12월에 결산을 해 소득을 확정해야 하는 투자자들이, 세금을 적게 내기 위해 손실이 많이 난 종목을 처분한 데서 비롯된다. 손실을 발생시켜 투자소득을 줄인 다음, 1월에 다시 처분했던 주식을 매수하기 때문에 주가가 오르는 것이다. 12월에 주로 파는 주식은 대형주보다는 중소형주가 많다. 따라서 1월에 중소형주가 강세를 보인다. 이것이 바로 1월 효과다.

증권고수의 투자메모

지은이 / 김 헌
펴낸이 / 김경태
펴낸곳 / 한국경제신문 한경BP
등록 / 2-315(1967. 5. 15)
제1판 1쇄 인쇄 / 2003년 8월 30일
제1판 1쇄 발행 / 2003년 9월 5일
주소 / 서울특별시 중구 중림동 441
홈페이지 / http://bp.hankyung.com
전자우편 / bp@hankyung.com
기획출판팀 / 3604-553~6
영업마케팅팀 / 3604-561~2, 595
FAX / 3604-599

*파본이나 잘못된 책은 바꿔드립니다.
ISBN 89-475-2442-5

값 11,000원